김준석 이채영 지음

Writing Scientific Papers in English
이공계 영어과학논문
작성법 및 투고 매뉴얼

저자 김준석
cfdkim@korea.ac.kr
http://math.korea.ac.kr/~cfdkim
- 고려대학교 수학교육과 졸업(1995년, 이학학사)
- 서울대학교 수학과 대학원 졸업(1997년, 이학석사)
- University of Minnesota 수학과 대학원 졸업(2002년, 이학박사: 응용수학, Computational Fluid Dynamics, 과학계산전공)
- University of California, Irvine 수학과(2002년-2006년, 박사후연구원)
- 동국대학교 수학과(2006년-2007년, 조교수)
- 고려대학교 수학과(2008년-현재, 교수)
- 다양한 주제를 바탕으로 교육 및 연구 프로젝트를 수행하고 다수의 논문과 저서를 공동연구자들과 같이 발표

이공계 영어과학논문 작성법 및 투고 매뉴얼

초판인쇄	2019년 5월 31일
초판발행	2019년 5월 31일
지은이	김준석, 이채영
펴낸곳	지오북스
주 소	서울시 중구 퇴계로 213 일흥빌딩 408호
등 록	2016년 3월 7일 제395-2016-000014호
전 화	02)381-0706 ｜ 팩스 02)371-0706
이메일	emotion-books@naver.com
홈페이지	www.geobooks.co.kr

ISBN 979-11-87541-58-5
값 12,000원

이 도서의 국립중앙도서관 출판예정도서목록(CIP)은 서지정보유통지원시스템 홈페이지(http://seoji.nl.go.kr)와 국가자료공동목록시스템(http://www.nl.go.kr/kolisnet)에서 이용하실 수 있습니다.
(CIP제어번호 : CIP2019015155)

이 책은 저작권법으로 보호받는 저작물입니다.
이 책의 내용을 전부 또는 일부를 무단으로 전재하거나 복제할 수 없습니다.
파본이나 잘못된 책은 바꿔드립니다.

머리말

본 저서는 영어과학논문 작성법 및 투고요령에 대한 매뉴얼로 "수리과학 영어논문작성법 및 기초 LATEX 활용법 [8]"에서 기초 LATEX 활용법을 제외한 부분의 내용을 업데이트하고 논문작성과 저널 투고에 필요한 새로운 부분을 추가하고 간략하게 요약·정리하였습니다. 좀 더 자세한 설명과 기초 LATEX 활용법 그리고 MATLAB 코드로 작성한 schematic illustration은 참고도서 [8]을 참조해주세요. 아무쪼록 이 책이 논문작성과 작성한 원고를 저널에 최종 게재하는 데 도움이 되기를 바랍니다. 책 내용에 관하여 문의 사항이 있으시면 이메일(cfdkim@korea.ac.kr)로 보내주세요.

차례

Contents

Chapter 1

영어과학논문 작성법 5

연구논문이란 무엇인가? 6
영어과학논문 작성에 도움이 되는 참고 서적 8
학위논문 내용으로 학술지 논문 작성하기 15
본인의 학술지 논문으로 학위논문 작성하기 15
하이브레인넷 (http://www.hibrain.net) 16
논문 프로세스 비용 (Article Processing Charges, APC) 17
오픈 액세스 (Open Access) 18
구글스칼라 (Google scholar, http://scholar.google.com) 19
SCI급 저널이란 어떤 저널인가? 23
SCI 또는 SCIE 저널 검색 (http://mjl.clarivate.com/) 24
ESCI (Emerging Sources Citation Index) 27
KCI (Korea Citation Index, 한국학술지인용색인) 27
ISSN (International Standard Serial Number) 27
저널 인용 보고서 (Journal Citation Reports, JCR) 28
IF(Impact Factor) 검색 (https://jcr.clarivate.com/) 28
IF(Impact Factor) 계산법 29
Journal Impact Factor Quartile 30
ES (Eigenfactor Score) 31
H-지수(H-Index)란 무엇인가? 31
DOI(Digital Object Identifier) 34

Title 작성	35
저자 이름 및 소속 표기	40
Keywords	40
Abstract	40
Introduction	42
Methods	49
Results	50
Sign 하기	51
Figure 만들기	52
Figure copyright 얻는 방법	56
Conclusion	59
Future work	60
Acknowledgements	62
References	65
Biography sample	68
자주 틀리는 영어표현	68
영어논문 전문교정 업체	75

Chapter 2

국제저널 논문 투고요령	77
논문 투고 순서	78
유사도 검사	78
논문 투고 과정	81
투고할 학술지 선택 방법	82
투고할 저널 등록하기	86

Reviewer 선정	87
Editor 선정	88
논문 평가 기준	88
동료평가(Peer Review)의 기능	92
Highlights	92
Conflict of Interests	93
Cover letter 예시	94
논문 투고하기 전 Check List	96
Graphical Abstract	99
Review 기간이 너무 오래 걸릴 때(6개월 이상) 보내는 독촉 메일	99
Review 기간이 너무 오래 걸려서 투고한 논문을 철회(withdraw)할 때 보내는 메일	100
Revision	101
Revision 제출할 때 Check List	103
Revision cover letter 예시	104
Reply letter 예시	105
Proofreading 또는 Galley proof	107
Open Access 옵션 선택하기	108
참고문헌	**110**

Chapter 1
영어과학논문 작성법

이공계 영어과학논문 작성법

Chapter 1

영어과학논문 작성법

▶ 연구논문이란 무엇인가?

- 연구논문이란 연구자가 자신의 연구 결과를 논문의 형식으로 표현한 저작물을 말한다.
- 연구논문의 목적은 연구 결과를 다른 연구자와 공유하기 위한 것이다.
- 연구논문의 특징은 동료전문가의 검증(peer review)을 요구한다.

따라서 연구논문을 작성할 때에는 논문을 읽는 독자를 고려해서 기술해야 한다.

아래 그림은 연구 결과를 기술한 원고가 저널에 채택되기까지의 과정을 만화로 나타낸 것이다. 원고가 최종 채택되는 과정이 결코 쉽지 않은 과정이라는 것을 그린 것이다.

출처: https://www.students4bestevidence.net/problems-with-peer-review-the-achilles-heel-of-modern-research

▶ 영어과학논문 작성에 도움이 되는 참고 서적

영어과학논문 작성에 도움이 되는 대표적 참고 도서들의 대략적인 목차는 다음과 같다.

제1장 논문 정의
1.2 논문의 종류
1.3 논문의 구성과 형식
제2장 논문작성
2.1 제목
2.2 초록
2.3 서론
2.4 연구방법
2.5 결과
2.6 고찰토의
2.7 결론
2.8 감사의 글, 후기
2.10 저자
2.11 그림과 표
제3장 논문교정과 출판과정
3.1 논문교정
3.2 논문 투고와 출판윤리
3.3 논문심사

1부 과학논문 작성에 관한 개요
2 과학논문 원고(manuscript)의 형식
3 과학논문 원고의 준비와 작성
2부 영문 과학논문을 학술지 투고 규정에 따라 작성하는 방법
1 투고편지(covering letter, cover letter)쓰기
2 제목 페이지(title page)와 논문제목 만들기
3 초록(abstract) 쓰기
4 서론(introduction)부분
5 연구재료(materials) 및 연구방법(methods)부분
6 연구결과(results)부분
7 고찰(discussion)부분
8 결론(conclusion)·요약(summary)부분
11 표(table)와 도해(figure) 작성법
3부 영어문장을 문법에 맞게 쓰기
4부 논문 심사

본문은 '가나다' 순서로 배열하였고 '영한 찾아보기'에서는 '알파벳' 순서로 배열하였다.

보정
약간 보정할 필요가 있다.

명 correction
It is necessary to make a few corrections.

고려하다
우리는 미지의 그래프를 찾는 문제를 고려한다.

동 consider
We consider the problem of finding an unknown graph

1장 영어논문 체제
1.3 이공계 논문의 문장구조
1.4 이공계 논문의 일반적 구조
1.5 기본적이고 공통적인 문장
2장 문의 구성
2.1 일반적인 사항
2.2 이해하기 쉬운 어순
2.3 용어법
3장 품사
3.1 명사
3.2 대명사
3.3 관사
3.4 동사
3.5 형용사
3.6 부사
3.7 전치사
3.8 접속사
3.9 약호, 기호, 숫자 및 기타
4장 구두 의사소통
4.1 학회에서의 Oral presentation
4.2 학회에서의 포스터 발표

목차

제1장 기초 정보

 제3절 SCI 또는 SCIE 저널 검색

 제4절 인용횟수 알기

 제5절 Impact Factor 정의, 분야별 IF 및 순위 검색

 제6절 DOI 찾는 방법

 제9절 학문에 뜻을 둔 젊은 학자들을 위한 몇 가지 조언

제2장 기초적인 영어의 사용
제3장 논문 주제 정하기 및 논문의 구조
제4장 Title 제3절 Running title
제5장 Abstract
　제1절 Abstract에 포함 돼야 하는 내용
제6장 Introduction
　제1절 Introduction에 포함되어야 하는 내용
　제3절 학위논문을 바탕으로 작성한 저널논문을 투고할 때,
　제4절 출판된 저널논문의 내용으로 학위논문을 작성할 때
제7장 Material and methods
　제2절 논의를 시작하는 표현
제9장 Numerical results
　제1절 Figure와 Table의 설명
제10장 Conclusion
제13장 논문 투고과정
　제3절 논문 투고하기 전 Check List
　제9절 Review가 너무 오래 걸릴 때 보내는 메일
제14장 기초 LaTeX
　제4절 Tables and Figures
　제4절 Beamer 사용법
　제5절 포스터 발표(Poster presentation)
　제6절 구두 발표(Oral presentation)

CHAPTER 01 연구와 연구자
CHAPTER 02 연구윤리의 이해
CHAPTER 03 연구활동의 스펙트럼과 연구 진실성
CHAPTER 04 연구 부정행위
CHAPTER 05 연구계획 수립과 연구 수행 과정에서의 연구윤리
CHAPTER 06 공동 연구와 저자 자격(authorship)
CHAPTER 07 연구자로서의 여러 역할
CHAPTER 08 표절과 올바른 인용
CHAPTER 09 중복게재
CHAPTER 10 학술적 글쓰기 윤리
CHAPTER 11 연구윤리 확립 방안
APPENDIX 참고문헌 찾아보기

▶ 학위논문 내용으로 학술지 논문 작성하기

학위논문 (M.S. Thesis, Ph.D. Thesis)을 학술지 논문 (Journal paper)으로 발표하는 행위는 매우 장려되어야 할 학문 활동이다. 다음과 같은 문구를 논문 첫 페이지 하단의 footnote 나 Acknowledgments 부분에 넣어도 된다. 좀 더 자세한 내용은 참고문헌[8]을 참조하세요.

> This work is based on the author's Ph.D. thesis [1].

▶ 본인의 학술지 논문으로 학위논문 작성하기

반대의 경우로 학술지 논문 (Journal paper)을 먼저 발표하고 그 내용으로 학위논문 (M.S. Thesis, Ph.D. Thesis)을 작성하는 것은 이공계 학문 분야에서 허용되는 관행이다. 다만, 공동저자로 참여한 학술지의 내용은 적절한 인용을 해 주어야 한다. 좀 더 자세한 내용은 참고문헌[8]을 참조하세요.

Elsevier 출판사의 https://www.elsevier.com/about/policies/copyright/permissions 에는 다음과 같은 질의응답이 있다.

Can I include/use my article in my thesis/dissertation?

Yes. Authors can include their articles in full or in part in a thesis or dissertation for non-commercial purposes.

Elsevier 논문의 저자는 본인의 학위논문에 저널 논문 내용을 출판사 허락 없이 넣을 수 있다고 다음과 같은 문구가 이전 출판사 홈페이지에 기술된 적이 있다.

Permission is not required, but please ensure that you reference the journal as the original source.

▶ 하이브레인넷 (http://www.hibrain.net)

다음과 같은 단계로 논문토론실에 가면 이미 논문작성과 투고에 관련된 많은 주제들에 대한 질의응답이 이루어져 있어서 키워드를 입력하고 검색을 해보면 원하는 정보를 얻을 수도 있고 만약 없다면 궁금한 사항에 대해서 질문을 하면 된다.

http://www.hibrain.net → 브레인카페 → 논문토론실

예를 들어 "자기표절"에 관한 질의응답을 보면 다음과 같다.

논문토론실	전체 8,276 건	검색 184 건				
● 등록순 ○ 조회순 ○ 추천순 ○ 답변순		25건 ▼ 답변형 ▼ 자기표절			검색
글번호	제목	등록자	등록일	조회수	평가
2979	학위논문 공개설정 관련	돌쇠	19.01.08	757	-
↳	공개하는 것이 원칙입니다.	타이폰	19.01.08	606	-
↳	답변 감사합니다	돌쇠	19.01.08	599	-
↳	의견	더불이	19.01.08	569	-
2967	학회논문 자기 표절에 관해	나는행복	18.12.27	1171	-
↳	부족한 제 경험으로는,	핀핀	18.12.28	1043	-
↳	Rephrase	ㅋㅅㅌ	18.12.28	968	-
2954	자기표절의 범위 궁금합니다	samsoon07	18.12.11	1000	-
↳	이과	univen	18.12.11	941	-
2797	저널에 퍼블리시된 논문 내용을 학회에서 포스터 발표한 경우	FTKD	18.05.14	2321	-

▶ 논문 프로세스 비용 (Article Processing Charges, APC)

논문 프로세스 비용으로는 투고료, 심사료, 게재료를 각각 따로 볼 수도 있지만 투고료(투고료+심사료)와 게재료로 두 단계로 된 곳도 있고 투고료(투고료+심사료+게재료)로 한 번만 청구하는 곳도 있다. 논문 투고료 또는 논문 게재료를 같은 의미로 사용하기도 한다. 따라서 투고하려고 하는 저널에서는 어떤 의미로 사용을 했는지 주의해서 살펴보아야 한다. 학회회원(공동저자 포함)이 아닌 경우에는 논문 게재료를 기존 게재료의 2배를 납부해야 하는 곳도 있다.

▶ 오픈 액세스 (Open Access)

오픈 액세스란 현행 학술 커뮤니케이션의 모순(학술정보 유통에 있어서 지나친 상업화와 가격 인상으로 부담 능력이 전무하거나 미약한 국가, 기관, 도서관, 개인 등의 접근이 크게 제한되고 있는 문제)을 극복하기 위해 등장한 것으로 전 세계 이용자 누구라도 자유롭게 무료로 정보에 접근할 수 있도록 하는 것을 말한다. 오픈 액세스는 저자의 출판 비용 부담을 강조하는 정보 공유 체제이다 [12].

무료(free access) 학술지는 그 학술지 내용 중 표나 그림을 인용할 때 발행인의 허락을 받아야 하나 오픈 액세스를 선언한 OA 학술지는 단지 어디가 원천(source)이라고 기술하면 충분하다 [13].

모든 저널을 오픈 액세스로 운영하는 출판사도 있고 최근에는 많은 저널들이 오픈 액세스를 옵션으로 제공한다.

▶ 구글스칼라 (Google scholar, http://scholar.google.com)

학술논문을 검색해 주는 구글스칼라를 사용하여 참고문헌 목록 만들어 보자. 논문 작성 초기에는 대부분 아직 투고할 저널이 결정이 안 된 상태이다. 이때에는 우선 참고문헌 목록을 임시로 작성하는 것이 좋다. 구글스칼라 검색창에 인용하고 싶은 논문 제목을 입력하고 검색 버튼을 클릭한다. 예를 들어, "Phase-field models for multi-component fluid flows"로 입력하고 검색한다.

아래 그림과 같이 결과가 나오면 인용부호(")를 클릭한다.

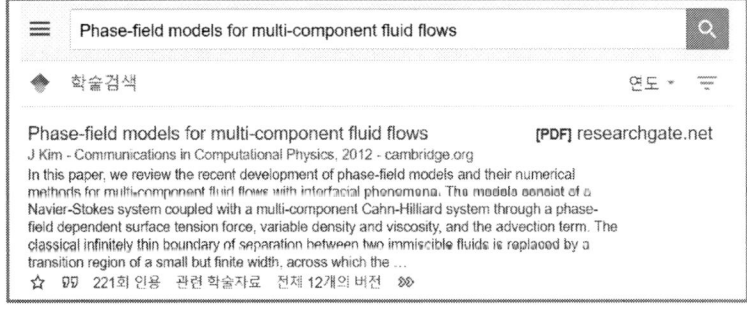

아래의 그림처럼 세 가지 인용 형태가 나온다.

×	인용
MLA	Kim, Junseok. "Phase-field models for multi-component fluid flows." *Communications in Computational Physics* 12.3 (2012): 613-661.
APA	Kim, J. (2012). Phase-field models for multi-component fluid flows. *Communications in Computational Physics*, *12*(3), 613-661.
ISO 690	KIM, Junseok. Phase-field models for multi-component fluid flows. *Communications in Computational Physics*, 2012, 12.3: 613-661.
	BibTeX　EndNote　RefMan　RefWorks

이 중 하나를 선택해서 마우스 오른쪽 버튼을 클릭해서 복사를 하고 논문 참고문헌 리스트에 붙여넣기를 하면, 다음과 같다.

Kim, Junseok. "Phase-field models for multi-component fluid flows." Communications in Computational Physics 12.3 (2012): 613-661.

이렇게 참고문헌 리스트를 작성하면 빠르고 중복되지 않게 참고문헌 리스트를 작성할 수 있다. 중복되지 않게 리스트를 작성하기 위해서 리스트의 순서를 저자의 알파벳순으로 하면 된다.

완성된 논문 투고 전 논문작성 마지막 단계는 참고논문 리스트를 저널 포맷에 맞게 정리하는 것이다. 저널에 따라서 참고논문 리스트의 포맷이 다르다. 투고할 저널이 결정되면 저자 가이드나 저널에 실린 최근 논문 2~3개를 참조해서 작성한다.

구글스칼라를 검색해서 나온 결과에서 "221회 인용" 부분을 클릭하면 인용하고 싶은 논문을 인용한 논문 리스트가 나온다. 참고로 이때 나온 "221회 인용"은 구글스칼라를 이용한 피인용 횟수를 라고 한다. WOS (Web of Science)를 이용한 피인용 횟수는 유료 서비스로 일반 가정에서 구글스칼라를 이용하면 표시가 안 되지만 이 서비스를 가입한 학교나 기관에서는 검색결과에 표시된다.

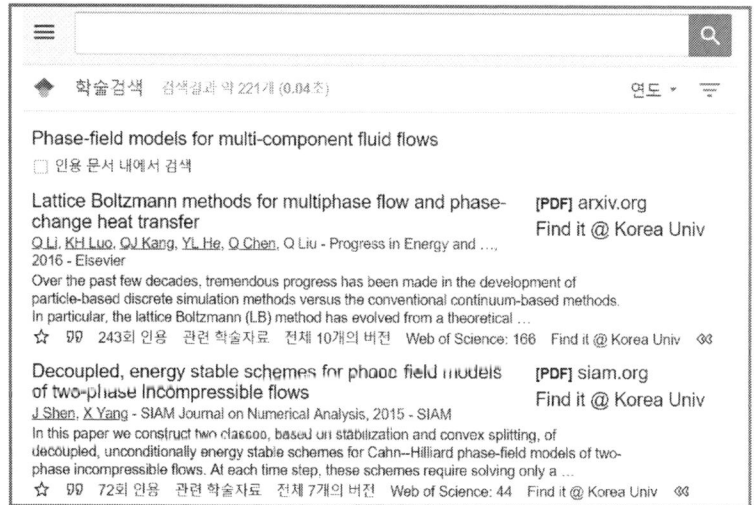

이 중에 한 논문을 선택해서 참고문헌 리스트를 보면 아래처럼 서지정보가 저널 포맷에 맞게 기술되어 있다. 이를 복사해서 사용하면 된다.

[23] Q. Yang, B.Q. Li, Y. Ding, 3D phase field modeling of electrohydrodynamic multiphase flows, Int. J. Multiphase Flow 57 (2013) 1–9.
[24] J. Kim, Phase-field models for multi-component fluid flows, Commun. Comput. Phys. 12 (3) (2012) 613–661.
[25] L. Chen, S.V. Garimella, J.A. Reizes, E. Leonardi, The development of a bubble rising in a viscous liquid, J. Fluid Mech. 387 (1999) 61–69.

구글스칼라 활용법으로 문장 중에 한 단어가 잘 생각나지 않을 때에는 잘 모르는 단어가 들어가는 자리에 별표(*)를 대신 넣고 검색한다. 예를 들어 "demonstrate the * performance of " 라고 검색하면 별표 자리에 다양한 단어가 들어가는 문장을 찾아준다.

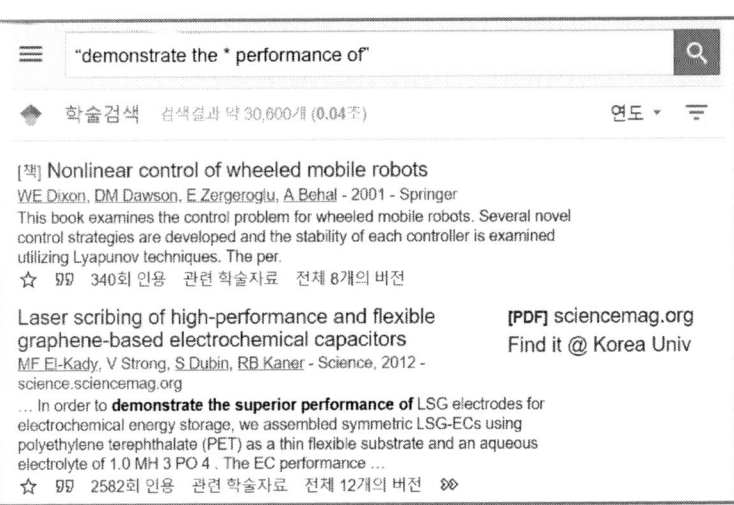

검색결과를 살펴보고 적당한 힌트를 얻어서 본인이 사용하고 싶은 단어를 떠올리면 된다.

두 개의 단어를 찾고 싶으면 별표를 두 개 넣으면 된다.

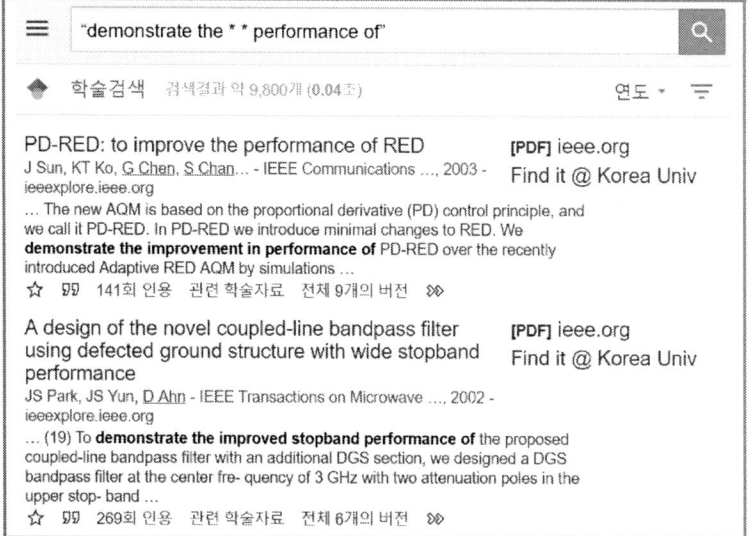

▶ SCI급 저널이란 어떤 저널인가?

대한민국 교육과학기술부에서 각 대학의 연구능력을 평가할 때 사용하는 SCI급이란 다음 5가지를 말한다.

1. SCI, Science Citation Index
2. SCIE, Science Citation Index Expanded
3. SSCI, Social Sciences Citation Index
4. A&HCI, Arts & Humanities Citation Index
5. SCOPUS (네덜란드의 Elsevier 출판사가 만든 인용지수)

일반적으로 SCI, SCIE, SSCI, A&HCI를 SCI급 논문이라고 한다. 특히, 이공계에서는 SCI, SCIE를 SCI급 논문이라고 한다.

▶ SCI 또는 SCIE 저널 검색 (http://mjl.clarivate.com/)

클래리베이트에서 SCIE 목록을 찾을 때는 Science Citation Index Expanded를 클릭해서 검색한다.

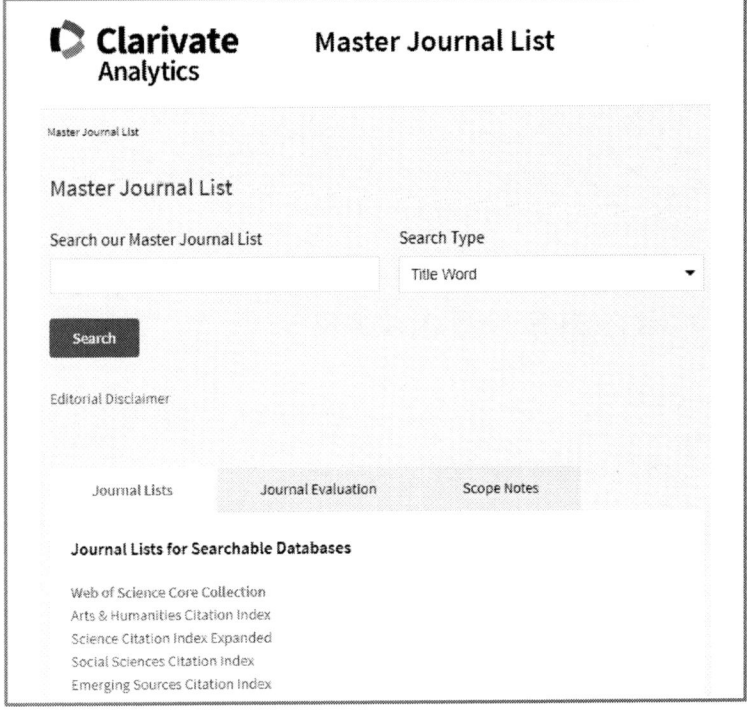

Journal of computational physics가 SCI 저널인지 찾기 위해서 아랫부분에 있는 SCI (Science Citation Index)로 검색을 해보자. SEARCH 버튼을 클릭하면 다음과 같은 검색창이 뜨고 "computational"이라는 단어를 넣고 SEARCH를 클릭하면 다음과 같은 검색결과에 JOURNAL OF COMPUTATIONAL PHYSICS가 리스트에 나오는 것을 확인할 수 있고 이 저널은 SCI 저널이다.

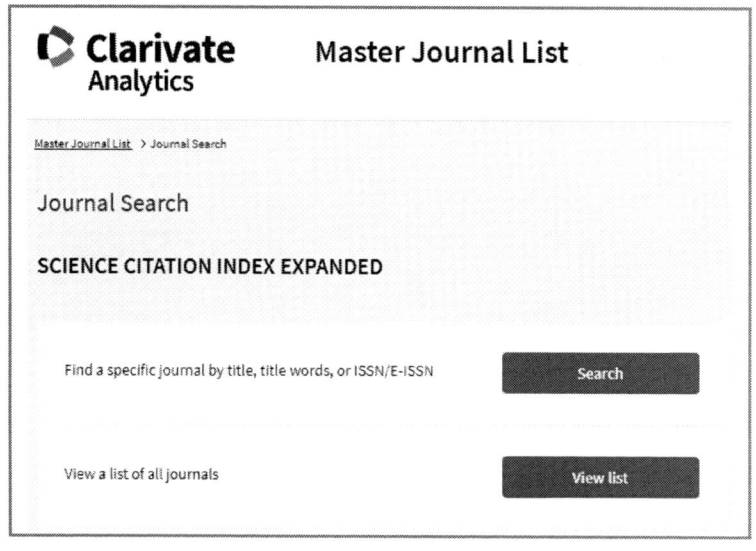

Master Journal List > Journal Search

Journal Search

Search Terms

computational

Search Type

Title Word

Search

Enter a title word, full title, or ISSN/E-ISSN:
Title Word: Enter as CELL or CELL*
Full Journal Title: Enter as JOURNAL OF CELL TRANSPLANTATION or JOURNAL OF CELL*
ISSN/E-ISSN: Enter as 1234-5678

Search Term(s): *COMPUTATIONAL · The following title(s) matched your request

1-10 of 63 journals

Format for print

ACM TRANSACTIONS ON COMPUTATIONAL LOGIC

Quarterly
ISSN: 1529-3785
E-ISSN: 1557-945X
ASSOC COMPUTING MACHINERY, 2 PENN PLAZA, STE 701, NEW YORK, USA, NY, 10121-0701
Coverage ▼

ADVANCES IN COMPUTATIONAL MATHEMATICS

Bimonthly
ISSN: 1019-7168
E-ISSN: 1572-9044
SPRINGER, 233 SPRING ST, NEW YORK, USA, NY, 10013
Coverage ▼

▶ ESCI (Emerging Sources Citation Index)

ESCI는 글로벌 및 지역 전문가와 협력하여 각 지역 및 연구 영역에서 중요한 저널 콘텐츠를 선별하는 과정을 거쳐 2015년 처음 런칭하였다. Web of Science 편집팀은 오랜 전통을 통해 정립된 정확한 저널 선정 기준을 사용하여 ESCI를 위한 저널 선정절차를 마련하였다 [17]. ESCI에 수록된 저널들은 추후 엄격한 평가 프로세스 및 선정 기준을 통과할 경우 SCIE(Science Citation Index Expanded®), SSCI(Social Sciences Citation Index®) 혹은 Arts & Humanities Citation Index에 포함될 자격을 가진다. 하지만 아직은 SCI가 아니다.

▶ KCI (Korea Citation Index, 한국학술지인용색인)

https://www.kci.go.kr/kciportal/main.kci 에서 등재학술지 목록과 등재후보 학술지 목록을 확인할 수 있다.

▶ ISSN (International Standard Serial Number)

ISSN(International Standard Serial Number, 국제 표준 연속 간행물 번호)은 인쇄물이나 정기적 전자 간행물을 식별하는 데 쓰이는 8자리 고유 번호이다. 따라서 저널에는 ISSN 번호가 부여되고 책에 부여되는 ISBN과는 다르다. 한 저널의 ISSN을 알아보는 방법은 저널의 홈페이지나 클래리베이트(http://mjl.clarivate.com)에서 확인할 수 있다. 예를 들어 Journal of Computational Physics의 ISSN은 0021-9991이다.

$$0\times8+0\times7+2\times6+1\times5+9\times4+9\times3$$
$$+9\times2+1\times1=99$$

▶ 저널 인용 보고서 (Journal Citation Reports, JCR)

JCR은 ISI Web of Knowledge를 통해 이용할 수 있는 제품이다. 이 데이터베이스는 많은 저널의 인용수에 따른 Impact Factor와 순위를 제공한다. Impact Factor, 총 인용횟수, 전체 논문, 즉시 인용 지수(immediacy index)와 같은 저널 평가 옵션들을 제공한다.

▶ IF(Impact Factor) 검색 (https://jcr.clarivate.com/)

분야별 상위 랭킹을 알 수 있는 Impact Factor 검색은 https://jcr.clarivate.com/에서 할 수 있으나, 유료서비스라 서비스에 가입이 되어있는 학교나 기관에서만 이용할 수 있다.

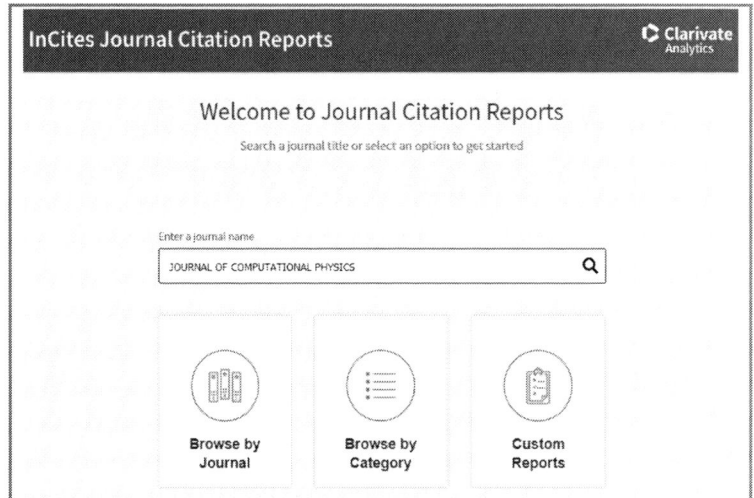

대부분 이메일로 원고투고를 요청하는 저널은 공식 Impact Factor가 아닌 구글스칼라에 바탕을 둔 비공식 Impact Factor인 경우가 많다. 주의를 요하는 부분이며 논문 투고 전에 확인을 해봐야 한다.

▶ IF(Impact Factor) 계산법

특정 저널 Impact Factor를 계산하는 방법은 다음 그림과 같다.

Journal Impact Factor Calculation

$$2017 \text{ Journal Impact Factor} = \frac{4,049}{1,414} = 2.864$$

How is Journal Impact Factor Calculated?

$$\text{JIF} = \frac{\text{Citations in 2017 to items published in } \mathbf{2015}\ (2,335) + \mathbf{2016}\ (1,714)}{\text{Number of citable items in } \mathbf{2015}\ (696) + \mathbf{2016}\ (718)} = \frac{4,049}{1,414}$$

x년도의 Impact Factor를 구하는 공식은 다음과 같다.

$$\frac{(x-1)\text{년과 } (x-2)\text{년에 발행된 논문이 } x\text{년에 인용된 인용횟수}}{(x-1)\text{년과 } (x-2)\text{년에 발행된 총 논문 수}}$$

예를 들어, 2017년도의 Impact Factor는 다음처럼 계산된다.

$$\frac{2016\text{년과 } 2015\text{년에 발행된 논문이 } 2017\text{년에 인용된 인용횟수}}{2016\text{년과 } 2015\text{년에 발행된 총 논문 수}}$$

▶ Journal Impact Factor Quartile

저널의 사분위 등급(The Journal Impact Factor quartile)은 한 저널이 속해 있는 카테고리에서 IF 기준으로 전체 저널을 내림차순으로 정렬을 했을 때 특정 저널의 순위를 전체 저널 수로 나눈 수를 Z라 하면, Q 등급은 다음과 같이 정의된다 [16].

Q1: $0.0 < Z \leq 0.25$

Q2: $0.25 < Z \leq 0.5$

Q3: $0.5 < Z \leq 0.75$

Q4: $0.75 < Z$

▶ ES (Eigenfactor Score)

Eigenfactor Score (ES)에서는 self-citation을 제외한다. 즉, 동일한 저널 안에서 서로 인용한 것을 제외한다. 그리고 인용 저널에 가중치를 준다. Nature나 Science처럼 상위의 저널 인용은 하위 저널 인용보다 더 중요하게 여겨진다. 이와 대조적으로 IF는 가중치 없이 단순히 인용 횟수를 계산한다.

▶ H-지수(H-Index)란 무엇인가?

연구 성과를 평가하기 위해 단순히 발표한 논문 수와 인용횟수로만 평가하기에는 한계가 있다. 이를 보완하기 위해 2005년 미국 University of California, San Diego 물리학 교수인 Jorge E. Hirsch는 새로운 지표, H-지수를 제안하였다 [14]. 피인용을 높이 받은 한두 개의 논문 또는 피인용은 거의 없이 논문만 많이 낸 연구원이 과도하게 높게 평가되는 것을 방지하여, 보다 객관적인 연구 업적 평가를 가능하게 한다.

한 연구자의 H-지수를 찾기 위해 https://www.scopus.com 에서 Author search를 클릭하면 연구자의 이름과 소속으로 찾을 수도 있지만, 동명이인이 많으므로 ORCID 번호로 찾으면 정확하게 검색할 수 있다. 예를 들어 저자의 ORCID 번호 0000-0002-0484-9189를 입력하고 검색하면 다음과 같은 검색결과가 나온다.

	Author	Documents	Subject area	Affiliation	City	Country/Territory
☐ 1	Kim, Junseok Kim, J. Kim, Junseok S. Kim, J. S.	133	Mathematics ; Engineering ; Computer Science; ...	Korea University	Seoul	South Korea

연구자와 학자들은 자신과 유사한 이름을 가진 다른 연구자들의 연구 활동과 자신의 연구 활동을 구분하는 데에 어려움을 겪고 있다. 또한, 같은 저자도 다른 이름을 사용함으로써 저자 식별에 어려움이 있다. 이를 해결하기 위해서 ORCID (Open Researcher and Contributor ID)를 개별 연구자 별로 부여하는 것이다. 웹사이트(http://orcid.org/)에서 각자 등록 후에 ORCID 번호를 부여받아야 한다. 저자 이름을 클릭해서 나오는 화면의 오른쪽에 아래와 같은 h-index 정보를 볼 수 있다.

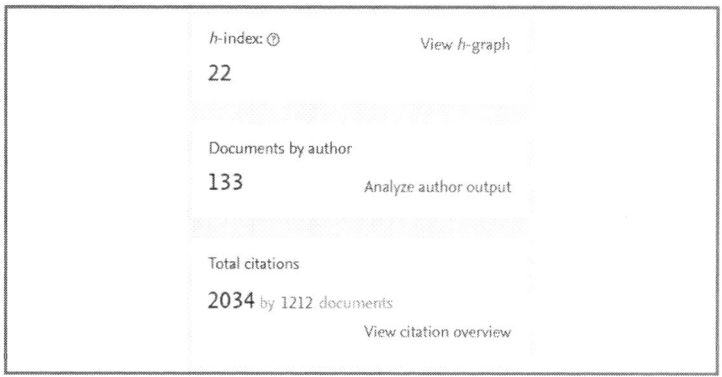

Scopus에 가입해서 로그인하면 다음과 같이 View h-graph를 볼 수 있다.

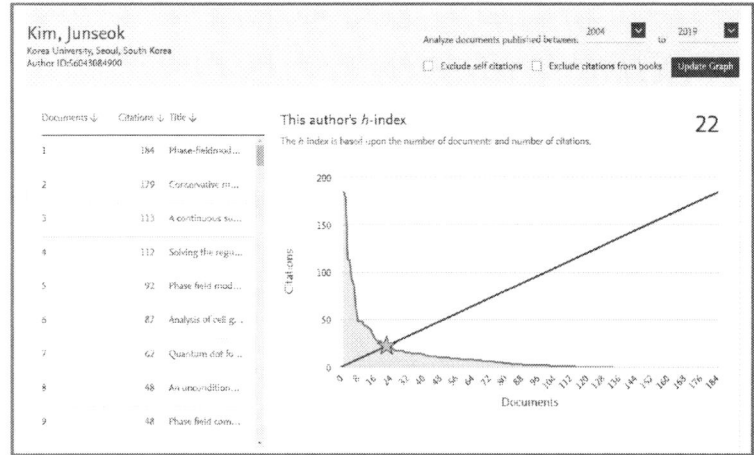

위 그림에서처럼 많이 인용된 논문들을 내림차순으로 나열하면 논문번호는 증가하고 인용횟수는 감소한다. 이때 논문번호가 인용횟수보다 같거나 작은 수 중에서 가장 큰 수가 저자의 H-지수이다.

▶ DOI(Digital Object Identifier)

DOI란 디지털 콘텐츠에 부여되는 고유식별번호로, 인터넷 주소가 변경되더라도 사용자가 그 문서의 새로운 주소로 다시 찾아갈 수 있도록 웹에 게시된 논문에 영구적으로 부여된 식별자이다. DOI를 이용하여 게재가 확정되었지만, 아직 출판번호가 나오지 않은 논문을 인용하는 방법은 다음과 같다.

Chapter 1 영어과학논문 작성법

Pattern Recognition
Available online 10 April 2019
In Press, Accepted Manuscript

Multicomponent volume reconstruction from slice data using a modified multicomponent Cahn–Hilliard system

Yibao Li [a], Jing Wang [b,c], Bingheng Lu [b,c,d], Darae Jeong [e], Junseok Kim [f]

⊞ Show more

https://doi.org/10.1016/j.patcog.2019.04.006   Get rights and content

Y. Li, J. Wang, B. Lu, D. Jeong, J. Kim, Multicomponent volume reconstruction from slice data using a modified multicomponent Cahn-Hilliard system, Pattern Recognition (2019). https://doi.org/10.1016/j.patcog.2019.04.006

▶ Title 작성

논문이 무엇에 관한 것인지, 주요 목적이 무엇인지 정확하게 알려주는 부분이다. 좋은 Title이란 가장 적은 단어로 논문의 내용을 적절하게 기술하는 것이다. 간결하게 논문의 내용을 알 수 있게 해야 하지만 너무 짧아서 내용을 이해하기 어려워도 안 된다.

- 제목이 너무 짧은 경우

  Studies on Cars

- 제목이 너무 긴 경우

  On the addition to the method of microscopic research by a new way of producing colour-contrast between an object and its background or between definite parts of the object itself

Title은 8~12단어가 적당하다. 다음은 몇 개의 Title 예이다.

On the convergence of discrete approximations to the Navier-Stokes equations

On the time-dependent solution of the incompressible Navier-Stokes equations in two and three dimensions

A multiphase level set framework for image segmentation using the Mumford and Shah model

Title을 정할 때 논문과 관련있는 키워드를 구글스칼라로 검색하고, 어떤 논문들이 있는지 확인해보고 아이디어를 얻는다.

Chapter 1 영어과학논문 작성법

[Google 학술검색 결과 화면: "unmanned ground vehicle" 검색 결과]

- **Unmanned ground vehicle swarm formation control using potential fields**
  L Barnes, MA Fields, K Valavanis - ... Conference on Control & ..., 2007 - ieeexplore.ieee.org
  A novel technique is presented for organizing swarms of robots into formation utilizing artificial potential fields generated from normal and sigmoid functions. These functions construct the surface swarm members travel on, controlling the overall swarm geometry and ...
  110회 인용 관련 학술자료 전체 5개의 버전

- **UGV history 101: A brief history of Unmanned Ground Vehicle (UGV) development efforts**
  DW Gage - 1995 - apps.dtic.mil
  The purpose of this paper is to provide a brief survey of a number of different threads of development that have brought the Unmanned Ground Vehicle (UGV) field to its current state, together with references to allow the interested reader to probe more deeply. In the ...
  125회 인용 관련 학술자료 전체 5개의 버전

- [책] Intelligent **unmanned ground** vehicles: autonomous navigation research at Carnegie Mellon
  MH Hebert, CE Thorpe, A Stentz - 2012 - books.google.com
  ... 155 Page 10. INTELLIGENT **UNMANNED GROUND** VEHICLES 9 Sonar-Based Outdoor Vehicle Navigation. ... 159 Dirk Langer and Charles E. Thorpe 9.1 Introduction ...
  167회 인용 관련 학술자료 전체 4개의 버전

최근 2019년 이후에 나온 논문을 보고 싶을 때는 아래와 같이 한다.

[Google 학술검색 결과 화면: 2019년 이후 필터 적용]

- **Operator Suspicion and Human-Machine Team Performance under Mission Scenarios of Unmanned Ground Vehicle Operation**
  C Gay, B Horowitz, J Elshaw, P Bobko, I Kim - IEEE Access, 2019 - ieeexplore.ieee.org
  Emergent cyber-attack threats against cyber-physical systems can create potentially catastrophic impacts. The operators must intervene at the right moment when suspected attacks occur, without over-reliance on systems to detect cyber-attacks. However, military ...
  관련 학술자료

- **Distributed ceiling-mounted smart cameras for multi-unmanned ground vehicle routing and coordination**
  C Bobda - US Patent App. 10/191,495, 2019 - Google Patents
  An autonomous guided vehicle system that provides decentralized coordination and real-time environmental changes in a workspace to a vehicle. The system includes distributed cameras positioned in predetermined locations. The cameras are adapted to communicate ...
  관련 학술자료

- **Backscatter Data Collection with Unmanned Ground Vehicle: Mobility Management and Power Allocation**
  S Wang, M Xie, YC Wu - IEEE Transactions on Wireless ..., 2019 - ieeexplore.ieee.org
  Collecting data from massive Internet of Things (IoT) devices is a challenging task, since communication circuits are power-demanding while energy supply at IoT devices is limited. To overcome this challenge, backscatter communication emerges as a promising solution as ...
  관련 학술자료 전체 4개의 버전

인용부호를 넣어서 검색하면 좀 더 관련된 결과를 보여준다.

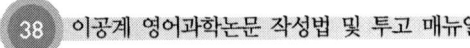

● 형식

대문자·소문자의 원칙은 투고하려는 저널의 형식을 준수한다.

● Subtitle

부제목은 콜론을 사용한다.

예) Finite element methods for Navier-Stokes equations: theory and algorithm

● Running title

논문의 각 홀수 페이지나 짝수 페이지에 위에 있는 title의 짧은 버전으로 길이가 제한되어있다. 논문 원 제목이 길면 줄여서 사용해야 한다.

> *Connective Tissue Research*, 1992, Vol. 27, pp. 211–224
> Reprints available directly from the publisher
> Photocopying permitted by license only
> © 1992 Gordon and Breach Science Publishers S.A.
> Printed in the United States of America
>
> # THE DRAMATIC INFLUENCE OF LOADING VELOCITY ON THE COMPRESSIVE RESPONSE OF ARTICULAR CARTILAGE
>
> ADEKUNLE OLOYEDE, RENE FLACHSMANN, and NEIL D. BROOM
>
> *Biomechanics Laboratory, Department of Mechanical Engineering, University of Auckland, Private Bag, Auckland, New Zealand*
>
> *(Received February 25, 1991; accepted September 18, 1991)*

위의 논문 제목의 running title은 아래와 같이 "COMPRESSIVE RESPONSE OF ARTICULAR CARTILAGE"로 줄었다.

> ## EXPERIMENTAL METHODS
>
> ### Tissue
>
> Distal ends of bovine femora incorporating the patellar groove, and patellas, all bearing healthy articular cartilage were removed from freshly slain 2- to 3-year-old prime ox and stored at $-20°C$.

논문을 다 작성한 후, 마지막으로 다시 한 번 title이 이 논문의 내용을 정확하게 나타내고 있는지를 검토하고, 필요하면 더 좋은 title로 수정한다.

▶ 저자 이름 및 소속 표기

- 공동연구의 경우 저자명 순서는 우선 저널의 규정을 따른다. 알파벳순으로 하는 경우 last name 순으로 작성한다.
- 저자명 순서는 교신저자 또는 책임저자와 상의 후 결정한다.
- 소속 표기는 투고할 저널의 형식을 따른다.

Department of Mathematics, Korea University, Seoul 02841, Republic of Korea

▶ Keywords

논문의 주제와 주된 아이디어를 반영하는 단어들을 나열한다. 독자의 문헌검색에서 본인의 논문이 관련 논문으로 검색이 될 수 있도록 keywords 선택에 신중을 기한다. 저널에 따라서 keywords 사이를 세미콜론(;) 혹은 콤마(,)로 구분한다.

▶ Abstract

Abstract는 전체논문의 간결한 요약으로, 다른 연구자들이 abstract를 보고 전체 논문의 주요 내용을 파악할 수 있게 한다.

Abstract에 포함되어야 하는 내용

1. 이 연구의 주된 목적과 연구 범위 기술
2. 연구의 목적을 위해 선택한 방법론 설명
3. 연구의 결과 및 결론

위 3개의 내용을 작성하고 관련 참고문헌의 초록들을 보고 초록 내용을 수정 보완한다.

초록에 다음과 같이 단어 수 제한이 있는지 확인한다.
Abstract should not exceed 200 words.

Abstract에서는 가능한 한 표나 그림을 포함하거나 가리키면 안 되고 다른 논문을 인용하지 말아야 한다.

다음은 Abstract에서 피해야 할 표현의 예이다.
We develop a conservative, second-order accurate fully implicit discretization of the Navier-Stokes (NS) and Cahn-Hilliard (CH) system that has an associated discrete energy functional. This system provides a diffuse-interface description of binary fluid flows with compressible or incompressible flow components [3]. In this work, we focus on the case of flows containing two immiscible, incompressible and density-matched components.

Abstract에서 참고문헌을 인용할 때에는 다음과 같이 한다.

We develop a conservative, second-order accurate fully implicit discretization of the Navier-Stokes (NS) and Cahn-Hilliard (CH) system that has an associated discrete energy functional. This system provides a diffuse-interface description of binary fluid flows with compressible or incompressible flow components [R. Soc. Lond. Proc. Ser. A Math. Phys. Eng. Sci. 454 (1998) 2617]. In this work, we focus on the case of flows containing two immiscible, incompressible and density-matched components.

▶ Introduction

Introduction에서 포함해야 하는 내용
- 연구 주제의 중요성 (important, attract)
- 기존 연구 방법에 대한 논의 (간략한 review)와 한계점 서술 (however, but)
- 본 연구 결과의 중요성 (in this paper, in this work)

본문의 내용

The remainder of the paper is organized as follows. Section 2 introduces the system model and problem formulation. The graph based approach is detailed in Section 3. Section 4 provides simulations to verify the effectiveness of the algorithm. Finally, we conclude the paper in Section 5.

Introduction 처음 시작할 때 사용할 수 있는 표현
- In this paper, ~
- In this study, ~
- In this article, ~

논문의 주요 목적을 표현할 때 사용하는 표현
- The main purpose of this paper is to present ~
- It is the purpose of this paper to introduce ~
- The main purpose of this article is to introduce ~
- The objective of this paper is to describe ~
- The objective of this paper is to propose ~
- The aim of the present paper is to give ~
- The main purpose of the present paper is to give ~
- It is the aim of this paper to investigate ~

약어는 처음 사용한 곳에서 정의하고, abstract에서 정의했어도 본문에서 다시 정의한다.

참고문헌을 사용할 때는 최초의 논문, 최초의 논문을 바탕으로 나온 최근의 논문을 인용하는 것이 좋다. 논문 인용을 피해야 하는 것 중의 하나는 논문을 보아도 내용을 알 수 없거나 다시 다른 논문을 인용한 논문의 인용을 피해야 한다. 인용할 논문을 본인이 직접 찾아보고 원하는 정보가 있는지 필히 확인해야 한다. 왜냐하면 잘못된 인용은 독자에게 좌절과 기만을 안겨주기 때문이다. 논문과 관련된 연구 및 활동을 한 다른 연구자의 논문도 빠짐없이 객관적으로 인용한다 (reviewer가 될 가능성이 있다).

인용 출처를 밝혀야 하는 이유

인용 출처를 통해, 우선 다른 연구자의 공로를 인정한다. 인용한 사실의 정확성을 독자에게 알린다. 배경이 된 연구 과거 논문들을 독자에게 알린다. 그리고 연구를 계승하거나 심화하려는 독자에게 도움을 준다.

참고문헌 저자 표기

논문의 본문에서 참고문헌의 저자를 표기할 때에는 저자가 한 명 또는 두 명인 경우 모든 저자의 이름을 쓰지만 세 명 이상인 경우 제1저자의 이름만 쓰고 et al.을 사용하여 나타낸다.

예) Some approaches may refer to Abate and Whitt [1], Ata et al. [2], and Yamada [3].

좀 더 자세한 내용은 참고문헌과 참고문헌에 나와 있는 참고문헌을 참조하라고 할 때 사용하는 표현

- For recent reviews of phase-field methods, the reader is referred to [1,2,3].
- Please refer to [1] for more details.
- A review on integral models can be found in [1].
- See reference [2] and references therein.
- See reference [2] and references cited
- therein.
- For more details on the thin film equations, see the review paper [1] and references therein.
- For a survey of earlier work on equation (1) we refer to [1,2,3] and to the literature cited therein.

Introduction의 예

다음은 "Energy Stable Schemes for Cahn-Hilliard Phase-Field Model of Two-Phase Incompressible Flows"라는 논문의 Introduction이다.

1. 본 연구의 중요성 부각

The phase-field approach for multi-phase incompressible flows have attracted much attention recently (cf. [11, 2, 16, 12, 15, 26] and the references therein).

2. 간단한 기존의 연구 방법론 review

Since the phase-field (or diffusive interface) model can be considered as an approximation to the sharp interface model, one can use the gradient flow based on either the conserved Cahn-Hilliard dynamics (cf. [5]) or the Allen-Cahn dynamics (cf. [1]) with a non-local Lagrange multiplier, leading to the Cahn-Hilliard phase-field model and Allen--Cahn phase-field model, respectively. Both models, at least in the matched density case, can be derived from an energetic variational approach. Thus, they admit an energy law, making it possible to design numerical schemes which satisfy a corresponding discrete energy law that automatically ensures their numerical stability (cf., for instance, [7, 14, 3, 25]).

3. 기존 연구의 한계점

However, most of the analysis and simulation of the phase-field model for two-phase flows have been restricted to the matched density case or with a Boussinesq approximation. The main difficulty for two-phase flows with different density is that the standard phase- field model with variable density does not admit an energy law, making it difficult to carry out mathematical and numerical analysis. In a recent work (cf. [23]), the authors proposed a phase-field model with variable density which admits an energy law, and constructed efficient and simple energy stable time discretization schemes for the corresponding Allen-Cahn phase-field model.

4. 기존 연구결과의 한계점을 극복한 본 연구 결과의 주된 내용

The main objective of this paper is to construct efficient and simple energy stable time discretization schemes for the Cahn-Hilliard phase-field model with matched density and variable density. The main additional theoretical and numerical difficulty associated with the Cahn-Hilliard model, as opposed to the Allen-Cahn model, is that the fourth-order spatial derivatives are involved in the Cahn-Hilliard equation for the phase function. By using a mixed formulation for the fourth-order Cahn--Hilliard phase equation and using the chemical potential to reformulate the surface tension term in the momentum equation, we are able to extend the results presented in [23] for the Allen-Cahn phase-field model to the Cahn-Hilliard phase-field model.

5. 본문의 outline

The rest of the paper is organized as follows. In the next section, we present the Cahn-Hilliard phase-field model for two-phase incompressible flows with matched density and variable density. Then, in Section 3, we construct several efficient time discretization schemes for both matched density and variable density cases, and show that they are unconditionally energy stable. Some numerical results and discussions are presented in the last section.

본문 내용을 요약하는 부분에서 첫 문장 표현은 다음과 같다.

- The contents of this paper are:
- The paper is organized as follows.
- This paper is organized as follows.
- The outline of the paper is as follows.
- The layout of this paper is as follows.
- The outline of this paper is as follows:
- The contents of this paper are as follows:
- The contents of this paper are as follows.
- The organization of the paper is as follows.
- The organization of this paper is as follows.

- The rest of the paper is organized as follows.
- The rest of this paper is structured as follows.
- The paper is organized in the following manner.
- The remainder of this paper is organized as follows.
- The contents of this paper are organized as follows.
- The contents of this paper may be summarized as follows.
- The remaining parts of this paper are organized as follows.

선행 연구를 review할 때 흔하게 발생하는 표절로 다른 연구자가 1차 문헌을 review하여 정리한 2차 문헌을 마치 본인이 review한 것처럼 작성하는 경우이다. 본인의 이전 출판된 논문에 있는 문장을 똑같이 쓸 경우도 저널에서 확인하는 유사도 검사에서 검색이 될 수도 있다. 따라서 말 바꿔 쓰기를 권장한다.

▶ Methods

2차원이나 3차원으로 기술하면 식이 복잡해지므로 기본 아이디어가 동일하다면 간단하게 1차원으로 기술하면서 "For simplicity of exposition"이란 표현을 사용한다.

예) **For simplicity of exposition**, we shall discretize the AC equation in one-dimensional space. Two- and three-dimensional discretizations are defined analogously.

▶ Results

특별한 언급이 없는 한 똑같은 변수를 사용한다고 선언할 때 사용하는 표현

- Unless otherwise stated, we use ~
- Unless otherwise noted, we use ~
- Unless otherwise indicated, we use ~
- Unless otherwise specified, we use ~

다음과 같이 기술함으로써 연구의 novelty를 보여줄 수 있다.

- To the authors' knowledge this is the first time when neural networks are being applied to resource discovery problem.
- To the authors' knowledge, there has been no trial to check the accuracy of the SDS model.
- To the author's knowledge, the present study is the first attempt to use the IBM method.

결과의 비교

- The results are in good agreement with the experimental data.
- The results are in good agreement with the previous results of Kim [1].

- The results are in good agreement with those obtained with the method of Fiske and Subbarow.
- The results are in good agreement with those obtainable with empirical formulae based on water vapor pressure and temperature.
- The results are in good agreement with other authors' works.
- The results are in good agreement with theoretical ones.
- The results are in good agreement with detailed theoretical predictions.
- The results are in good agreement with linear models at small signal levels and nonlinear models at large signal levels.
- The results are in good agreement with analytical predictions and show the effectiveness of using the two-dimensional Fourier transform (2-D FFT) method to identify and measure the amplitudes of individual Lamb modes.

▶ Sign 하기

미국식	05 / 06 / 2016	May 06, 2016
유럽식	06 / 05 / 2016	06 May 2016

▶ **Figure 만들기**

그림 작성 시 내용을 잘 알 수 있도록 글자의 크기나 그림의 표현에 주의한다. 눈금(ticks)의 크기는 캡션(caption)의 숫자 크기 정도 되게 한다. 또한 프린트했을 때 나타내고자 하는 부분이 선명하게 보이는지 확인한다. 아래 그림에서 (a) 보다 (b)가 더 좋다.

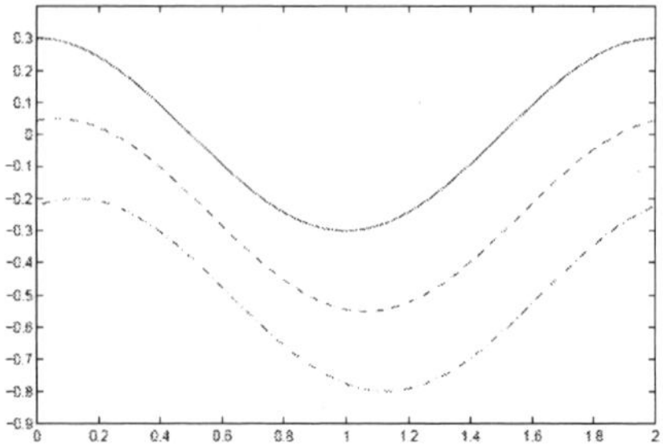

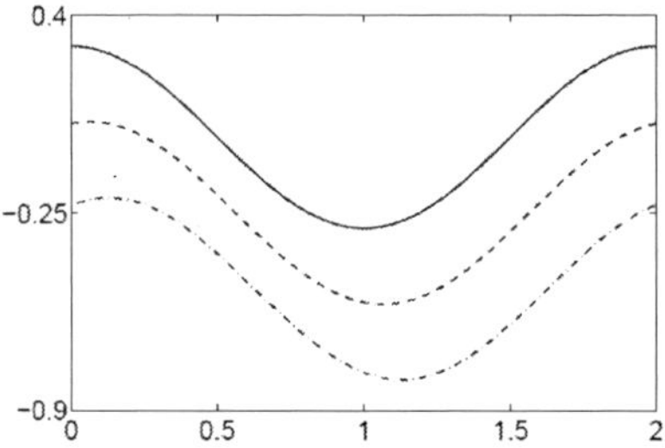

그림 결과가 안 좋게 작성된 것

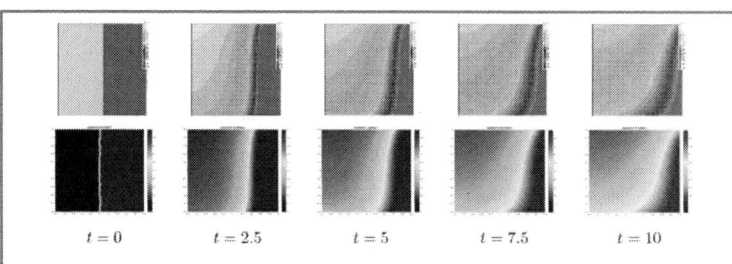

FIGURE 2. Evolution of the water saturation with Brooks-Corey capillarity (31) with $\alpha = 1$, $\Psi_0(x,y) = 9.81 * y$, $\Psi_1(x,y) = 0.87 * 9.81 * y$, $\mu_0 = 1$ and $\mu_1 = 100$. Top row: computation with ALG2-JKO. Bottom row: computation with upstream mobility finite volumes.

그림 결과가 안 좋게 작성된 것을 일부 확대한 그림 (여전히 숫자를 알아볼 수 없을 정도로 작음) 또한 정사각형의 결과를 직사각형으로 표현하는 것도 좋지 않다.

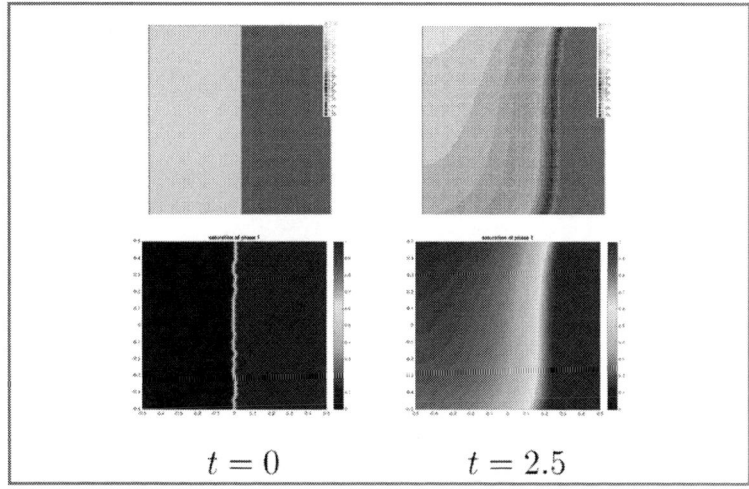

다음은 적당한 크기의 그림 결과이다.

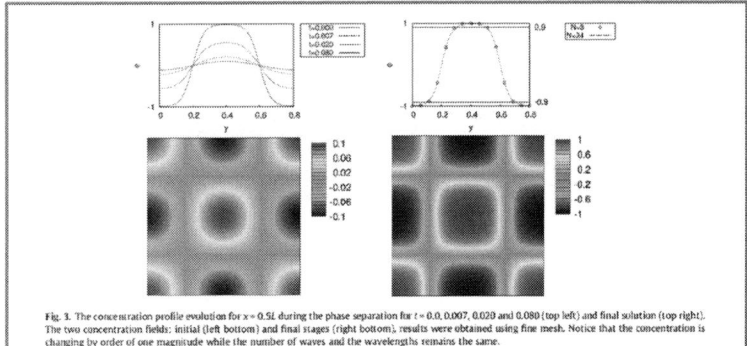

Fig. 3. The concentration profile evolution for $x = 0.5L$ during the phase separation for $t = 0.0, 0.007, 0.028$ and 0.080 (top left) and final solution (top right). The two concentration fields; initial (left bottom) and final stages (right bottom), results were obtained using fine mesh. Notice that the concentration is changing by order of one magnitude while the number of waves and the wavelengths remains the same.

일반적으로 그림을 문장 처음에 사용할 때는 "Figure 3 shows ~"처럼 사용하지만 "Fig. 3 shows ~"처럼 사용하는 저널도 있다. 투고하는 저널의 형식을 확인하자.

2개 이상의 그림 결과를 언급할 때에는 다음과 같이 표현한다.
- Figures 3(a) and (b) show
- Figures 3(a) and 3(b) show
- Figures 3(a)-(d) show
- Figures 3(a)-3(d) show

컬러 그림의 삽입
컬러 그림일 경우 흑백 프린터로 출력했을 경우에도 보기 좋도록 주의하고, 될 수 있는 한 흑백 그림으로 제시한다. 컬러로 그림을 넣고 본문에서 그림을 설명할 때, 아래 그림과 같이 컬러로 설명을 하면 흑백으로 인쇄한 것과 일치하지 않아서 논문 내용을 이해하는데 지장이 있기 때문이다.

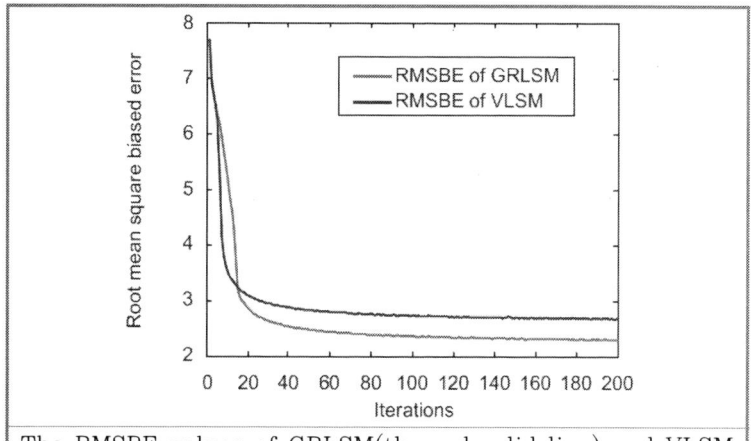

The RMSBE values of GRLSM(the red solid line) and VLSM (the blue solid line) during the evolution. (For interpretation of the references to color in this figure legend, the reader is referred to the web version of this article.)

아래와 같이 그래프를 그릴 때 컬러가 아니라 심볼(symbol)을 이용하면 흑백 프린터로 출력했을 경우에도 논문 내용을 이해하는 데에 지장이 없다

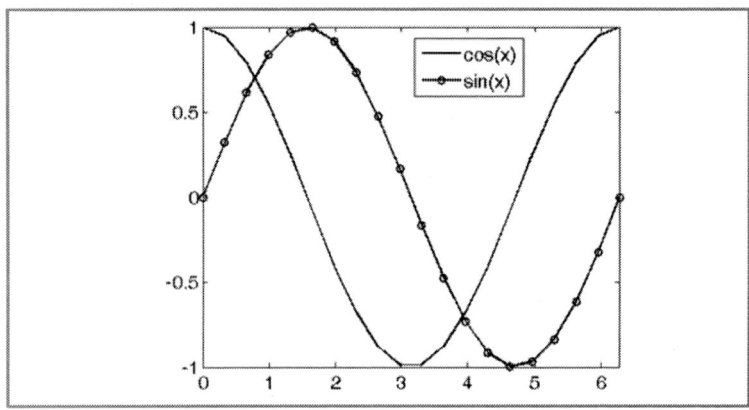

▶ Figure copyright 얻는 방법

1. 인용하고자 하는 논문을 구글스칼라에서 검색하여 저널 사이트로 들어간다.

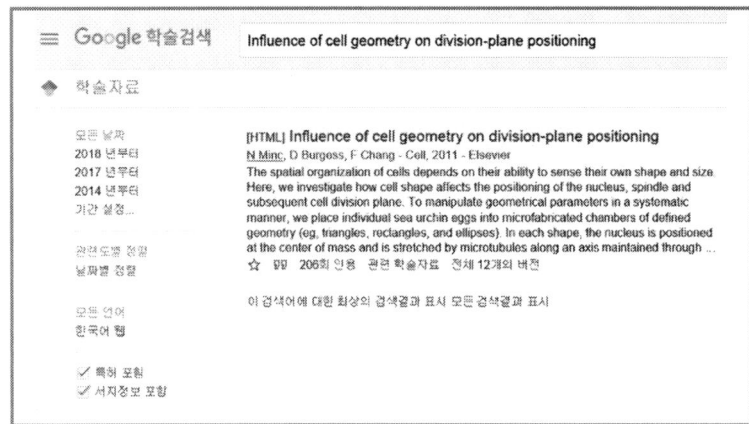

2. 논문 제목 주변 메뉴를 살펴보면 'Get rights and content' 라는 메뉴를 볼 수 있다. 저널에 따라 'Reprints and Permissions', 'Get permission' 등의 메뉴가 있다.

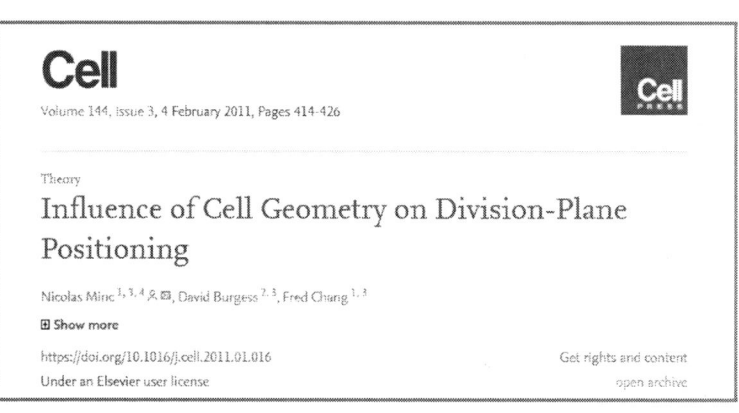

3. permission을 클릭하면 다음과 같은 화면이 나오고 똑같이 선택한다.

```
make a selection
reuse in a medical communications project
order reprints
order reprints (with translations by Elsevier)
order reprints (with translations by customer)
order e-prints
reuse in a book/textbook
reuse in a journal/magazine
reuse in a presentation/slide kit/poster
reuse in promotional materials/pamphlet/brochure
reuse in training/CME Materials
reuse in a thesis/dissertation
reuse in coursepack/classroom materials
reuse in a CD-ROM/DVD/other storage media
reuse in news media
make photocopies
reuse in conference proceedings
reuse in a government report
post on a website
reuse in broadcast media
make a selection
```

4. 선택하고 나면 화면이 바뀐다. 다음과 같이 설정한다.

5. Figure caption에 permission 표현 넣기

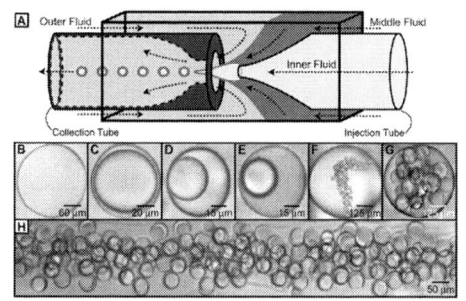

Figure 1: Schematic of the coaxial microcapillary fluidic device and the resulting double emulsions containing one or many internal drops. Reprinted from Utada et al. [1] with permission from American Association for the Advancement of Science.

Reprinted from Li et al. [1] with permission from Elsevier.

▶ Conclusion

- 가장 중요한 결과를 기술한다.
- 연구결과의 확장 적용성에 대해서 기술한다.
- 미래연구 과제에 대해서 기술한다. 이때, 본인이 미래연구주제를 수행할지 아니면 독자 연구자들에게 주제를 제안하는지를 명확하게 기술한다.

  예) In future work, we will investigate more realistic scenarios and real user access patterns.

  These extensions are left for future research.

주의: Conclusion은 연구의 요약이 아니므로 abstract의 내용 전부를 그대로 복사해서 사용하면 안 된다.

▶ Future work

현재 논문에서는 다루지 못했지만 앞으로의 방향을 제시할 수 있다.
⇒ 이것은 약점이 될 수 있음과 동시에 연구하지 못함을 언급함으로써 부족한 점을 보완하는 문구가 될 수 있다. (Revision reply에 사용할 수 있다.)

예) In the future work ~

　　As future research ~

Future work의 예시들

According to the numerical studies, several issues have arisen which motivates further studies in order to improve the predictability of the simulations. The most important one is to obtain suitable material parameters, especially the free energy function and its parameters. Also many materials used in the microfluidic device are of biological nature and hence non-Newtonian, the current model using Newtonian rheology for each fluid might not be accurate enough depending on the material and flow regime. The model could be improved further in this respect by employing, for instance, a viscoelastic constitutive model for more rigorous modeling of the material characteristics. In addition, surfactants are present in practice, which are known to have a large impact on drop dynamics; future work will be devoted to add surfactants as an additional component [7].

Hybrid Unmanned Aerial Underwater Vehicle: Modeling and Simulation

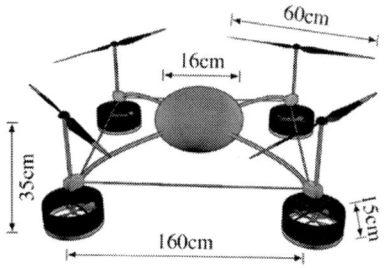

This paper proposed a novel design approach to Hybrid Unmanned Aerial Underwater Vehicles based on quadrotor-like platforms. To the best of our knowledge, this is the first time quadrotors are used also in underwater environments. The main advantages of using such structures are the facility of control provided by the vehicle and its ability to change from water to air (or vice-versa) in a sparingly fast and simple way. The main limiting factors (disadvantages) are the weight constraint of the vehicle (especially during the flight) and the high energy consumption. With respect to the use of quadrotors under the water, another advantages like simplicity of modeling and simulation, employ of open structures (low additional mass), and the high payload/volume ratio, are taking into account. Some main disadvantages would be high (noise) interference environment and speed constraints attributable to drag forces. As future work, we intend to build an actual model as a proof of concept, to test and identify some real problems concerning the switch-over behavior between air and water environments. Furthermore, from the mechanical point of view, other constraints like sealing and pressure compensation methods must be faced when in deep water is concerned.

▶ Acknowledgements

한국연구재단의 지원을 받은 연구결과의 사사문구는 다음과 같다. 다만 사업별 그리고 연도별 사사문구의 차이가 있을 수 있으므로 재단 홈페이지를 통해 확인해 보아야 한다.

> This work was supported by the National Research Foundation of Korea(NRF) grant funded by the Korea government(MSIT).(No. 한국연구재단에서 부여한 과제 관리번호)

- 논문 첫 페이지에 교신저자 표시를 할 수 없는 경우에는 Acknowledgements Section 에 "The corresponding author (G.D. Hong) was supported by A fund" 라 쓴다.
- 세 명 이상의 공동 저자가 있을 때 그 중 일부가 A라는 기관을 사사할 경우 The first(John) and second(Porter) authors acknowledge the support of A.
- 두 개 이상의 기관을 사사하고 싶을 때 This research was supported by A. The first author (G.D. Hong) was supported by B. The corresponding author (J.S. Kim) was also supported by C.

논문의 주제를 제안해 준 연구자에게 감사 표현할 때

The author thanks John Lowengrub for suggesting this problem and for valuable discussions regarding the energy stability of the proposed scheme. The authors thank Herman Frieboes, Junseok Kim, Xiangrong Li, John Sinek, Xiaoming Zheng for many useful discussions.

지도교수에게 감사를 표하고자 할 때

The author thanks his advisor, John Lowengrub, for intellectual and financial support.

본인의 논문을 작성할 때 다른 저자의 프로그램 코드를 인용하였다면 다음과 같이 감사를 표할 수 있다.

We greatly appreciate Dr. Junseok Kim for generously providing the multigrid code for the binary and ternary Cahn-Hilliard equations without the presence of elastic energy.

주의할 사항은 만약에 논문의 결과가 잘못되었을 경우 많은 도움을 주었다고 언급한 사람에게 누가 될 수 있으므로 사전에 허락을 받거나 논문의 결과에 확신이 있을 때 사사한다.

학위논문 사사 예시

I am heartily thankful to my supervisor, Jane Eyre, whose encouragement, guidance and support from the initial to the final level enabled me to develop an understanding of the subject. Lastly, I offer my regards and blessings to all of those who supported me in any respect.

저자가 독자의 논문 이해를 돕기 위해서 좀 더 자세하게 기술한 내용들(증명, 식의 유도, 계산 등)은 Appendix에 넣어 논문을 작성한다. Appendix의 위치는 Conclusion 다음, References 앞이고, Appendix가 많으면 A, B, C와 같이 파트를 나눌 수도 있다.

▶ References

참고문헌은 꼭 필요한 문헌만 인용한다. 필요 이상으로 인용을 하면 저널에서 수행하는 유사도 검사에서 100% 포함된다. 저널에서 논문심사자를 선택할 때 참고문헌에 수록된 저자들에게 심사의뢰를 할 수 있으므로 최근 활발하게 연구 활동을 하는 연구자들의 논문을 참고문헌에 포함한다.

저널에 따라서 참고문헌을 쓰는 다양한 형식이 있으므로 반드시 확인하여 작성한다. (해당 저널의 홈페이지에서 최근에 출판된 논문 3편 이상을 비교해보고 그 형식에 맞게 작성)

저자 이름표기
- And의 유무를 확인한다.
- A, B, and C 또는 A, B and C 중 어떻게 표기하는가.
- 저널의 형식에 맞추어 저자 이름을 표기한다.
 예) Hong, G. D., Hong, G-. D., G. D. Hong, G. Hong

참고문헌의 나열이 제1저자명의 알파벳 순서인가, 아니면 본문에서 인용되는 순서의 나열인가. 참고문헌은 정확하게 기술되어야 한다. 특히 참고문헌의 저자 이름은 정확해야 한다. 만약에 참고문헌에 있는 저자가 논문을 심사한다면 좋은 인상을 줄 수 없을 것이다.

참고문헌의 나열이 제1저자명의 알파벳인 경우

References

[1] I. Akkerman, Y. Bazilevs, V.M. Calo, T.J.R. Hughes, S. Hulshoff, The role of continuity in residual-based variational multiscale modeling of turbulence, Comput. Mech. 41 (2007) 371–378.

[2] D.M. Anderson, G.B. McFadden, A.A. Wheeler, Diffuse-interface methods in fluid mechanics, Annu. Rev. Fluid Mech. 30 (1998) 139–165.

[3] F. Armero, C. Zambrana-Rojas, Volume-preserving energy-momentum schemes for isochoric multiplicative plasticity, Comput. Methods Appl. Mech. Engrg. 196 (2007) 4130–4159.

[4] Y. Bazilevs, V.M. Calo, J.A. Cottrell, J.A. Evans, T.J.R. Hughes, S. Lipton, M.A. Scott, T.W. Sederberg, Isogeometric Analysis using T-splines, Comput. Methods Appl. Mech. Engrg. 199 (2010) 229–263.

[5] Y. Bazilevs, V.M. Calo, J.A. Cottrell, T.J.R. Hughes, A. Reali, G. Scovazzi, Variational multiscale residual-based turbulence modeling for large eddy simulation of incompressible flows, Comput. Methods Appl. Mech. Engrg. 197 (2007) 173–201.

참고문헌의 나열이 본문에서 인용되는 순서의 나열일 경우

References

[1] J.C. Robinson, A rigorous treatment of experimental observations for the two-dimensional Navier–Stokes equations, Proc. R. Soc. Lond. Ser. A Math. Phys. Eng. Sci. 457 (2001) 1007–1020.

[2] P. Constantin, C. Foias, R. Temam, Attractors representing turbulent flows, Mem. Am. Math. Soc. 53 (314) (1985).

[3] C. Foias, O. Manley, R. Rosa, R. Temam, Navier–Stokes Equations and Turbulence, in: Encyclopedia of Mathematics and its Applications, vol. 83, Cambridge University Press, Cambridge, 2001.

[4] C. Foias, G. Prodi, Sur le comportement global des solutions non stationnaires des equations de Navier–Stokes en dimension deux, Rend. Semin. Mat. Univ. Padova 39 (1967) 1–34.

저널 이름의 약자를 알고 싶을 때는 다음 인터넷 주소에서 찾을 수 있다.

https://images.webofknowledge.com/images/help/WOS/A_abrvjt.html

에 접속하거나 구글에서 journal title abbreviations을 검색하여 찾을 수 있다.

논문에 참고문헌에는 다음과 같이 주로 사용한다.

J. Comput. Phys.

▶ Biography sample

Junseok Kim received his Ph.D. in Applied Mathematics from the University of Minnesota, U.S.A. in 2002. He joined the faculty of Korea University, Korea in 2008 where he is currently a full professor at the Department of Mathematics. His research interests are in computational finance, applied mathematics, and computational fluid dynamics.

▶ 자주 틀리는 영어표현

- 부정관사(a, an)는 뒤에 오는 단어의 스펠링이 아니라 발음에 따라서 사용하게 된다.

  a unit, a useful, a European optiona UV light, a uniform gridin a unified wayan x, an MRI, an hour, an N

- 앞에 나온 명사가 뒤의 문장에 다시 나올 경우에는 정관사(the)를 사용한다.

  A three-dimensional computer model has been developed to

simulate fluid flow. The model is based on the immersed boundary method.

- 동사의 단수와 복수

  The number of time steps is $N_t = 100$.

  A number of applications of the method have been described in the literature.

  The behavior of stratified flows has been studied experimentally

  Each of these samples was analyzed five times.

- 콜론의 사용법
  - 콜론 뒤에 문장이 아닌 목록으로 시작: 소문자 사용

    These are my favorite fruits: apples, bananas, and oranges.
  - 콜론 다음에 두 개 이상의 문장이 나올 때, 대문자 사용

    The results provide answers to two questions: (i) Are you okay? and (ii) are you really okay?

- 하이픈(-) 사용법
  - 명사 앞에서 수식할 때: 사용 O
    * The time-step restriction is not based on stability, but accuracy.

* It is a well-known result that this scheme is unconditionally stable.
- 명사 뒤에서 수식할 때: 사용 X
  * The result is well known.
  * It is well known that conservative discretizations conserve the conservative quantities.
  * It is well known that the Cahn-Hilliard equation is a gradient flow of the Lyapunov energy functional.

● factor와 order 차이: 몇 배를 나타낼 때 사용
 - A factor of two: 2배 차이
   This reduction accelerates the computations by a factor of two.
 - Two orders of: 100배 차이
   The new device is more than two orders of magnitude faster than previous single-electron devices.

● 형용사의 어순
  논문작성 시 형용사가 여러 개 올 경우, 다음과 같은 순서로 위치시킨다.
  지시 → 수량 → 대소 → 성상 → 신구 → 재료
  - 지시형용사: a, an, the, this, that, these, those, some, any, 소유격 등

- 수량형용사: on, two, three, ten, hundred, million 등
- 대소형용사: many, much, little, tall, small, low, high 등
- 성상형용사: pretty, hard, smooth, strong, weak 등
- 신구형용사: new, old 등
- 재료형용사: wooden, golden, 국가명 형용사(Korean, Chinese 등) 등

예) Look at those two large old stone buildings.

Two new algorithms for minimal cost flow problems.

● 사용하지 말아야 할 표현
    - 구어체 사용
    - 단어의 축약: it's, isn't, weren't
    - So: 대신에 hence나 therefore

    익숙하지 않은 단어나 어구는 학계에서 자주 사용하는 표현인지 확인하고 용법에 유의하여 사용하도록 한다.

● 축약어

    e.g. = exempli gratia = for instance

    예) Any facial response (e.g., a surprised blink of both eyes) was recorded.

    i.e. = id est = that is = therefore = in other words

    et al. = et alii = and others

etc. = cetera = the rest (and etc. 는 중복 기재)

vs. = versus = against

- 대문자의 사용

  Jacobian matrix나 Euler's method 등과 같이 사람 이름에 유래한 단어는 그 단어의 앞을 대문자로 표시

- 지시대명사

  앞에 나온 명사의 반복을 피하기 위해 사용

  * The Cahn-Hilliard equation with a variable mobility is computationally more costly than that with a constant mobility.
  * The Cahn-Hilliard equations with a variable mobility are computationally more costly than those with a constant mobility.
  * Our results are consistent with those of Evans et al. [1].

- 유용한 표현
  - A를 B와 비교하다. [compare A with B]

    Simulation results are shown to compare the performance of the proposed algorithm with that of existing algorithms.

- A는 B와 관련이 있다. [A is related to B]

    The curvature of the interface is related to the pressure jump.

- A를 B로 명명한다. [We denote A by B]

    We denote volume by V.

    참고) 도치시킬 수 있다.

    We denote by $S(x, r)$ the sphere with center x and radius r.

● 잘못된 단어순서

    Typical chromatographic patterns obtained under the described above condition are shown in Fig. 1.

    $\Rightarrow$ Typical chromatographic patterns obtained under the condition described above are shown in Fig. 1.

    The synchronized state is stable if the both conditions (1) and (2) are satisfied.

    $\Rightarrow$ The synchronized state is stable if both the conditions (1) and (2) are satisfied.

    The obtained solution was indeed optimal.

    $\Rightarrow$ The solution obtained was indeed optimal.

    참고: 아래의 표현은 맞는 표현이다.

    The above-mentioned algorithm is iterated until a certain criterion is met.

In 1905, Einstein <u>has shown</u> that light is made up of discrete wave packets, which can be seen as analogues of particles.

⇒ In 1905, Einstein <u>showed</u> that light is made up of discrete wave packets, which can be seen as analogues of particles.

All other parameters are the same as described <u>in the section 3.</u>

⇒ All other parameters are the same as described <u>in Section 3.</u>

The computational domain is schematically illustrated <u>on Fig. 1.</u>

⇒ The computational domain is schematically illustrated <u>in Fig. 1.</u>

After one cycle, <u>as it is shown in Fig. 1</u>, the dislocation positions are all within one percent of the original positions.

⇒ After one cycle, <u>as is shown in Fig. 1</u>, the dislocation positions are all within one percent of the original positions.

● 구글을 이용한 번역

TIP! 한 줄에 들어갈 정도로 짧은 문장으로 쓴다 [15].

영어논문을 작성할 때 이미 출판된 다른 논문에 있는 영어 표현이 모두 문법적으로 맞는 문장이 아닐 수 있다는 사실을 염두에 두어야 한다.

▶ 영어논문 전문교정 업체

- 하리스코 (HARRISCO) : http://www.harrisco.net
- 에디티지 (editage) : http://www.editage.co.kr
- 이나고 (enago) : https://www.enago.co.kr

전문 영문교정을 받은 경우: Reply letter에 "This manuscript has been edited by a professional scientific English language editing service."라 쓴다.

Chapter 2
국제저널 논문 투고 요령

이공계 영어과학논문 작성법

Chapter 2

국제저널 논문 투고 요령

▶ 논문 투고 순서

연구 결과를 정리해서 작성한 논문을 저널에 투고할 때는 다음의 단계를 거친다.
1. 원고준비 (Manuscript)
2. 논문을 제출할 저널 선택
3. 제출할 저널에 있는 Guide for Authors에 따라서 자료준비 및 투고

▶ 유사도 검사

다음은 저널에 투고한 원고를 이전에 출간된 논문과 표현이 유사한 부분이 많이 있어서 논문을 거절한다(reject)는 이메일 내용이다.

> Thanks for submitting your manuscript to Computational Materials Science. However it does not meet the journal's desired standard, as the CrossCheck report indicates that a substantial amount of the wording is overly similar to the wording of already published papers. We regret to inform you that we cannot admit the manuscript into the formal peer review process.

논문을 저널에 제출하기 전에 자체적으로 유사도 검사를 하는 것도 좋은 방법이다. 턴잇인(turnitin)과 같은 상용 검색 프로그램도 있지만, 무료 표절검사를 제공하는 카피킬러라이트(www.copykiller.co.kr)를 살펴보자.

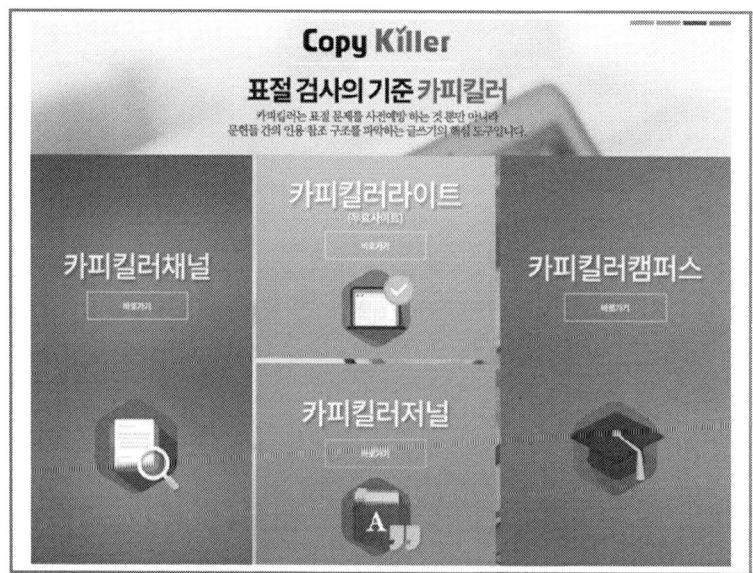

80 이공계 영어과학논문 작성법 및 투고 매뉴얼

검사 결과가 나타내는 건 텍스트의 유사도(Similarity Index)이고 표절의 정도는 아니다. 유사도가 높다고 해서 다 표절은 아니며, 유사도가 낮게 나왔다고 해서 표절 가능성이 없다고 할 수도 없다.

투고하려는 논문이 기존 논문들과 어떻게 유사한지를 확인한 후에 문장을 다시 작성한다. 특히, 모든 참고문헌은 유사도 검사에 체크가 되므로 꼭 필요한 참고문헌이 아니면 참고문헌 리스트에서 삭제해서 유사도를 낮춘다.

▶ 논문 투고 과정

논문을 투고할 때에는 투고하는 원고가 최종본이라 생각하고 최대한 완성도를 높여서 제출하도록 한다. 연구 결과가 논문 출판으로서의 가치가 있는지 객관적으로 판단한다.

논문을 투고할 저널을 선정할 때에는 해당 논문 주제를 다루고 있는 저널 (저널의 투고 규정에 명시한 주제 범위와 논문의 성격 및 유형, 실제 수록된 논문들 사례), 권위 있고 보편적으로 사용되는 국제적인 색인지에 등재된 저널(SCI, SCIE), 많이 이용되는 저널, 즉 인용도가 높은 저널(Impact Factor) 등을 고려해서 선정한다.

▶ 투고할 학술지 선택 방법

구글스칼라를 이용해서 원고를 투고할 학술지 선택 방법을 알아보자. 연구와 관련된 키워드를 구글스칼라에 입력하고 검색한다. 예를 들어, Cahn Hilliard equation를 검색하면 다음과 같은 결과를 얻는다. 이때 나오는 논문들의 저널을 살펴보고 투고할 저널을 선택한다.

일반적으로 구글스칼라에서 검색하면 인용이 많이 된 논문 순서로 배열이 된다. 최근 트렌드를 알기 위해서 화면 왼쪽에 위치하고 있는 날짜 관련 옵션에서 "2018년부터"를 클릭하면 다음과 같은 결과를 얻는다. 최근 논문들을 출간한 저널을 선택하고 검색에서 나온 논문을 인용하자.

논문을 저널에 투고할 때 저널의 급 (SCI, SCIE, SCOPUS, 학진등재지, 학진등재 후보지 등)을 정하거나 저자 순서 정할 때는 책임저자나 교신저자의 의견을 참고한다.

주저자란 제1저자나 교신저자를 의미한다. 제1저자란 일반적으로 논문에 기재된 저자 중 첫 번째에 나오는 저자를 뜻한다.
- 논문에 제 1저자 또는 교신저자가 표시 ⇨ 해당 주저자 인정
- 제 1저자와 교신저자에 대해 논문에 아무런 표시가 없고 별도의 교신저자 증빙을 제출하지 않는 경우, 논문 저자 중 제일 앞에 있는 저자 ⇨ 제1저자 겸 교신저자로 인정
  ※ 교신저자 증빙을 통하여 별도의 교신저자가 인정되는 경우, 제일 앞에 있는 저자는 제 1저자로만 인정
- 여러 명의 저자 중 특정 저자의 성명에만 교신저자 또는 교신저자 표시(이메일 주소 등)가 되어 있는 경우 ⇨ 교신저자로 인정
  ※ 모든 저자 성명에 이메일 주소가 표기되어 있고 별도의 교신저자 증빙을 제출하지 않는 경우, 논문 저자 중 제일 앞에 있는 저자 ⇨ 제1저자 겸 교신저자로 인정
- 교신저자 증빙: 논문 상에 교신저자 표기가 없는 경우, 교신저자 증빙을 통하여 보완적으로 교신저자가 인정된다.
  ※ 교신저자 증빙 ⇒ 논문투고 및 심사 과정 중 저널과의 교신 이메일 제출

투고하는 논문은 paper 라기 보다는 manuscript라고 한다. 논문 저널 사이트에 있는 논문의 현재 status는 보통 다음과 같이 진행된다.

Submitted to journal → With editor → Under review → Required reviews completed → Decision in process.

다음 그림은 논문 투고에서부터 출판까지의 일반적인 과정을 도식화한 것이다.

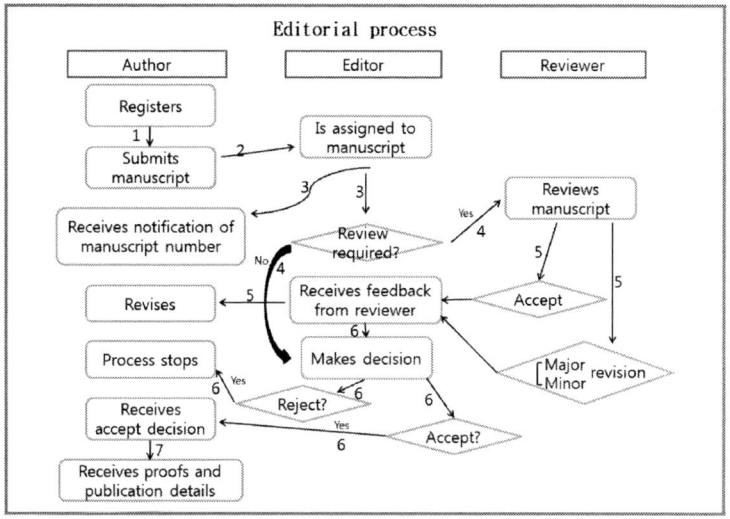

저널마다 각기 다른 논문 제출 형태를 가지고 있다. 어떤 저널은 논문을 pdf 파일로 받고 주후 심사결과가 revision일 때 논문 원본과 관련된 소스 파일을 요청하거나 (Your Paper Your Way) 처음부터 모든 논문 소스 파일을 웹에 업로드하는 것을 요구하기도 한다.

▶ 투고할 저널 등록하기

저널 홈페이지에 "Submit your Article"을 클릭하면 된다. 처음 투고하는 저널은 우선 "register"를 클릭하여 등록한다. 등록 후에는 ID와 password를 이용하여 log in 한다.

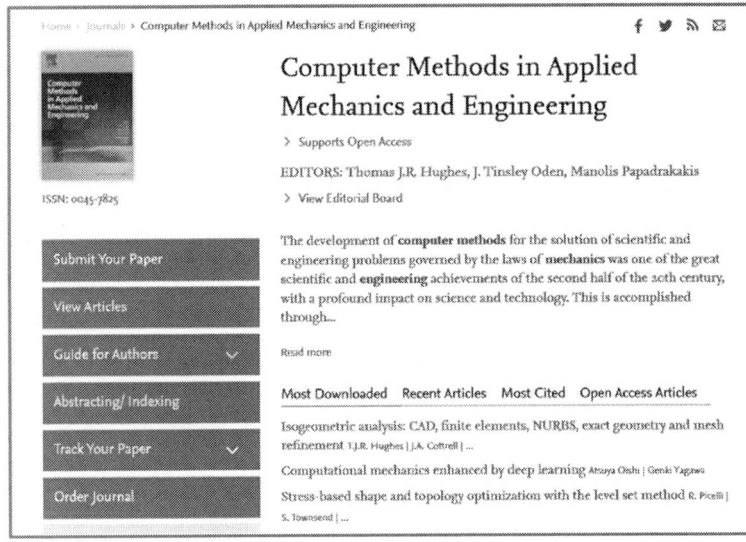

논문을 투고할 저널 홈페이지에 들어간다. "Submit Your Paper"를 클릭한다. Information for Authors를 자세하게 본다. 모든 저널은 Information for Authors, Instructions for Authors, Author Guide를 제공한다. 이 안내문을 철저하게 읽어보고 꼼꼼하게 원고를 작성해야 한다.

일반적으로 다음과 같은 공통적인 내용이 안내문에 있다.

1. 이전에 출판된 내용을 중복 제출해서는 안 된다.
2. 여러 저널에 같은 논문을 동시에 투고해서는 안 된다.
3. 논문의 모든 참여 저자가 투고에 동의해야 한다.
4. 이전에 출판된 내용인 그림이나 사진은 출판사로부터 사용 permission을 받아야 한다.

▶ Reviewer 선정

만약 투고하려고 하는 저널에서 reviewer(보통 3명에서 많게는 8명 정도)를 추천하라고 하는 경우에는 투고하려는 저널에 출간된 최근 2년간 연구 분야 관련 논문을 찾아 reviewer로 선정한다. 최근 2년간 논문 중에 관련 연구자가 없을 때에는 최근 5년간 연구 관련 논문을 찾아 reviewer로 추천한다. 투고하려고 하는 저널에 추천 reviewer가 없을 경우에는 논문의 참고문헌에 있는 최근 연구자들을 추천한다. 저널에서 논문을 review할 reviewer를 선정할 때 투고한 논문의 참고문헌에 있는 연구자에게 review를 의뢰한다는 것을 염두에 두자. 참고문헌에 있는 연구자가 투고한 논문을 잘 이해하는 연구자일 경우가 많다. 또한, 추천한 reviewer의 논문을 참고문헌에 포함하는 것이 좋다.

구글스칼라를 이용해서 투고하려는 논문과 관련 있는 본인이나 공동연구자의 논문을 인용한 연구자를 추천한다. 관련 분야의 연구자이다. 이때에도 가급적 참고문헌 리스트에 인용한 논문을 포함한다. 또한, reviewer의 정확한 이메일 주소, 이름과 소속을 미리 조사하도록 한다. 추천 사유는 간단하게 다음과 같이 써도 된다.

Kim is an expert in this research area.

▶ Editor 선정

저널의 분야마다 editor들이 있다. Editor를 굳이 선택해야 하는 것은 아니지만 좀 더 빠른 논문심사 과정을 위해서는 투고하는 논문 분야의 editor를 선택하는 것이 좋다.

▶ 논문 평가 기준

논문의 질을 평가하는데 다음의 기준이 사용된다. Reviewer가 이러한 기준을 적용하기 때문에 역으로 논문 저자들은 이러한 기준에 맞추어 논문을 작성하면 게재율을 높일 수 있다.

Originality: 논문이 충분히 novel 하고 학문적으로 interesting 한가?
Structure: 논문의 구조가 일목요연해서 논문의 내용을 독자가 별 무리 없이 읽을 수 있는가?
Title: 제목이 논문의 내용을 기술하는가?

Abstract: 논문의 내용을 잘 반영하는가?

Introduction: 연구할 문제를 명확하게 기술하는가? 관련 선행 연구들을 요약하고 설명하는가?

Methodology: 제안한 방법론이 타당한가?

Results: 연구결과를 설명하는가?

Conclusion and discussion: 결론에서의 주장이 결과에 의해서 검증이 되는가? 결론이 연구결과가 과학지식을 한층 더 진보하게 했다는 것을 설명하는가?

언어: 많은 오타나 문법적 오류는 논문리뷰 자체를 진행하지 못하게 하는 주된 요인이므로 각별한 주의를 요한다.

논문 심사표

For each question, please use the following scale to answer (place an x in the space provided):

"To what extent does the article meet this criterion?"

0: Fails by a large amount

1: Fails by a small amount

2: Succeeds by a small amount

3: Succeeds by a large amount

4: Not applicable

The subject addressed in this article is worthy of investigation.

0 __ 1 __ 2 __ 3 __ 4 __

The information presented was new.

0 __ 1 __ 2 __ 3 __ 4 __

The conclusions were supported by the data.

0 __ 1 __ 2 __ 3 __ 4

Is there a financial or other conflict of interest between your work and that of the authors?

YES __ NO __

Please give a frank account of the strengths and weaknesses of the article:

Computational Materials Science 저널의 논문 심사표

Please place an x in the appropriate space and expand where necessary.

1. SUBJECT MATTER __ Within the scope of the journal __ Not appropriate for the journal 2. ORIGINALITY __ Similar papers published by author(s) __ Similar papers published by others __ Unaware of similar papers 3. TITLE __ Accurately reflects content __ Needs revision (suggest alternative) 4. LANGUAGE __ Grammatically correct __ Needs revision 5. ABSTRACT __ Clear and adequate __ Should be condensed __ Should be rewritten __ Missing 6. PRESENTATION __ Good __ Contains irrelevant material __ Should be rearranged	7. ILLUSTRATIONS __ Good __ Fig(s)_____ may be omitted __ Extra figures required __ Quality inadequate 8. TABLES __ Good __ Should be rearranged __ Tables_____ may be omitted 9. ABBREVIATIONS, FORMULAS, UNITS __ Confirm to acceptable standards __ Need revision __ Should be explained __ A notation list is necessary 10. REFERENCES __ Appropriate __ Incorrect __ Insufficient __ Too extensive 11. GRADING OF PAPER __ Excellent __ Good __ Weak

▶ 동료평가(Peer Review)의 기능

동료평가(Peer Review)는 다음의 두 가지 기능을 한다.
1. 필터로써의 기능으로 안 좋은 논문을 걸러내는 역할을 하고
2. 제안과 조언으로 연구의 질을 높이는 기능을 한다.

▶ Highlights

Highlights는 3개에서 5개의 짧은 문장으로 연구의 주요 결과나 결론을 기술하는 것으로 빈칸을 포함하여 각 highlight에 대해서 85자에서 125자(저널에 따라 길이가 다름)까지로 구성된 문장을 뜻한다. Highlights는 독립된 파일로 작성해서 제출한다. 다음은 Highlights의 예이다.

Journal of Health Economics, Volume 29, Issue 4, July 2010, 524-535 Highlights
- We model two hospitals which have regulated prices and compete on quality.
- We examine changes in the level of information about hospital quality.
- Increasing information will increase quality if hospital costs are similar.

- Increasing information will decrease quality if hospital costs are very different.
- Welfare effects depend on ex-ante or ex-post assumptions about quality information.

▶ Conflict of Interests

논문 내용에 이해관계가 없을 때에는 다음과 같이 기술한다.

Conflict of Interests
The authors declare that there are no conflict of interests regarding the publication of this paper.

Conflict of interest
We declare that we have no conflict of interest.

▶ Cover letter 예시

Cover letter의 예시는 다음과 같다. 특히, 논문의 novelty와 significance를 꼭 언급하자.

Cover Letter

April 17, 2019
Journal of Computational and Applied Mathematics
Dear Editor

Please consider the manuscript entitled "An explicit hybrid finite difference scheme for the Allen-Cahn equation" authored by Darae Jeong and Junseok Kim, which we are submitting for consideration for publication in Journal of Computational and Applied Mathematics. We were fully involved in the study and preparation of the manuscript and materials within it has not been and will not be submitted for publication elsewhere.

The novelty and significance of this paper is that we propose an explicit hybrid numerical method for solving the Allen-Cahn equation, which models antiphase domain coarsening process in a binary mixture. The proposed method is based on an operator splitting method. First, we solve the linear diffusion part using the explicit Euler method. We show the stability condition of the proposed numerical scheme. Second, we solve the nonlinear term using the closed-form analytical solution. We also show the pointwise boundedness of the numerical solution for the Allen-Cahn equation under a solvability condition. Numerical experiments such as linear stability analysis, traveling wave, motion by mean curvature, image segmentation, and crystal growth are presented to demonstrate the performance of the proposed method.

The corresponding author's information follows:
Email is cfdkim@korea.ac.kr and website is http://math.korea.ac.kr/~cfdkim

Sincerely,

Junseok Kim
Professor
Department of Mathematics
Korea University

▶ 논문 투고하기 전 Check List

체크	내 용
	논문의 목적이 분명하게 기술되어 있는가? Is the goal of the paper clear?
	투고할 저널이 적절한가? 적절하지 않은 저널에 투고 할 시 시간을 낭비할 수 있다.
	인용이 올바르게 되었는지 확인
	인용되지 않은 참고문헌은 삭제
	참고 문헌을 알파벳 순서대로 또는 인용 순서대로 정렬
	여러 개의 인용 시 순서 확인 ([3, 11]처럼 순서 확인)
	사사 표시 확인
	저자 이름 스펠링 표기법 확인(W.F or W. F.)
	교신저자(Corresponding author) 표시
	저자 소속 주소 확인
	본문 단어 오타 확인
	모든 Figure와 Table에 대하여 설명하였는지 확인
	참고문헌 저널명 약자 확인
	투고하는 저널의 문헌을 세 개 이상 인용하였는가? (Review process를 하게 한다. 참고논문 자료 확인)
	투고하는 저널의 형식을 최근 발표된 3개 정도의 논문을 참고한다. (제목, Fig 약자, 주소, Reference 형식 등)
	Cover letter에 투고하는 저널명을 맞게 사용하였는가?
	Cover letter에 논문의 significance와 novelty를 언급했는가?
	Abstract에는 포함될 내용들이 모두 들어있는가?
	Highlights와 Graphical Abstract도 논문평가의 한 요소 중 하나이다.

체크	내 용
	참고문헌의 대소문자 확인 (특히 책의 포맷확인, 출판도시) G. Aubert and P. Kornprobst, Mathematical Problems in Image Processing: Partial Differential Equations and the Calculus of Variations, ser. Applied Mathematical Sciences. New York: Springer-Verlag, 2002, vol. 147.
	다른 논문에서 가져온 표현을 그대로 사용했는가? 표절을 방지하기 위해서 원문과 너무 비슷하게 바꿔 쓰지 말아야 한다. 자신의 어휘로 인용할 구절을 더욱 명확하고 선명하게 표현하고 출처를 밝히면 표절을 방지할 수 있다. 중요! 꼭 확인하고 논문 전체를 다시 쓸 것
	So 는 표현은 구어적인 느낌이 강하므로 다른 표현(therefore, thus, hence)으로 바꾼다.
	Didn't나 Let's 등 구어체 언어를 사용하지 않았는가?
	전화번호, Fax 번호, 주소는 정확하게 기재되었는가?
	저널의 author's guide에 다음과 같은 사항이 있는지 확인하자. (1) Figures should not be placed in between the text. It should be provided at the end of references. 그림 결과는 참고문헌 뒤에 놓아두라는 것 (2) Double line spacing for the manuscript. 줄 간격을 2줄로 하라는 것 (3) 학위논문의 일부 내용을 저널에 제출 시 다음과 같은 문구를 논문의 acknowledge에 넣을 수 있다. This work is based on the author's Ph.D. thesis [1].

논문을 투고한 후, 저널에서 생성된 최종 버전의 논문을 보관한다. 이후 revision할 때 reviewer가 언급하는 페이지를 확인하기 위하여 필요하다.

▶ Graphical Abstract

Graphical abstract는 주요 연구 결과를 그림으로 나타내는 그림 초록이다. 아래의 그림은 graphical abstract의 예이다.

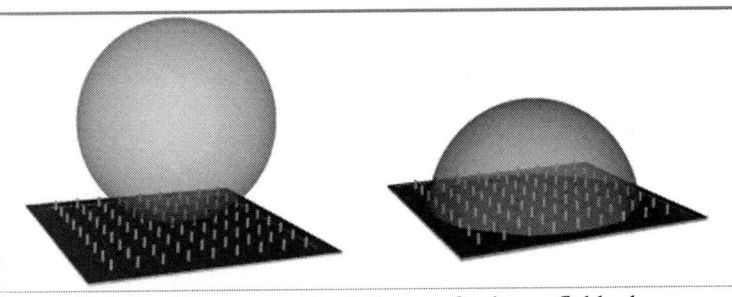

L. Fedeli, "Computer simulations of phase field drops on super-hydrophobic surfaces." Journal of Computational Physics 344 (2017): 247-259.

▶ Review 기간이 너무 오래 걸릴 때(6개월 이상) 보내는 독촉 메일

Dear Editor

We submitted a manuscript six months ago. We would like to know what is the current status of our manuscript. The manuscript number is MATH01234567.

We are looking forward to your reply.
Thank you.

Sincerely yours,
J.S. Kim

▶ Review 기간이 너무 오래 걸려서 투고한 논문을 철회(with draw)할 때 보내는 메일

Dear Editor

We wish to withdraw our manuscript because it took so long time since we submitted our manuscript. The manuscript number is MATH01234567. We are looking forward to your reply.

Thank you.

Sincerely yours,
J.S. Kim

▶ Revision

원고를 저널에 투고한 후 일정 기간(빠르면 몇 주, 느리면 1년이 넘게 걸린다)이 지난 후에 다음과 같이 저널 편집장으로부터 심사결과가 온다.

Dear Professor Junseok Kim,

Reviewers have now commented on your paper. You will see that they are advising that you revise your manuscript. If you are prepared to undertake the work required, I would be pleased to reconsider my decision. For your guidance, reviewers' comments are appended below.

If you decide to revise the work, please submit a list of changes or a rebuttal against each point which is being raised when you submit the revised manuscript.

심사결과는 일반적으로 reject, minor revision, major revision으로 볼 수 있다. 위 이메일처럼 minor, major 구분하지 않고 그냥 revision이라고 하는 경우도 있다.

Revision 기간은 각 논문의 경우마다 다르다. 한 달을 줄 수도 있고 길게는 6개월을 부여하기도 한다. 아주 minor한 경우에는 바로 답변을 보내주어도 상관없지만 major revision인 경우에는 시간을 들여 정성껏 꼼꼼히 코멘트에 대해서 적절한 답변과 논문을 수정하여 제출해야 한다.

Revision 시작할 때, 나중에 잊기 전에 Acknowledgements에 Referee에게 감사 표현을 먼저 한다. 다음은 몇 가지 논문심사에 대한 감사 표현의 예이다.

- The authors also wish to thank the anonymous referee for the constructive and helpful comments on the revision of this article.
- The authors also wish to thank the reviewers for the constructive and helpful comments on the revision of this article.
- The authors are grateful to the anonymous referees whose valuable suggestions and comments significantly improved the quality of this paper.

Revision하는 논문에 새로 추가되거나 수정한 부분은 다른 색 (예: 파란색)으로 하이라이트 한다. 그렇지 않으면 어느 부분이 수정이 되었는지 reviewer가 알아보기 힘들다.

Revision reply letter를 작성할 때에는 각 reviewer에 대한 별도의 Q & A를 작성해서 reviewer의 질문과 코멘트 내용에 따라 논문을 수정한 부분을 복사해서 붙여넣거나 필요한 설명을 한다.

▶ Revision 제출할 때 Check List

체크	내 용
	Acknowledgements에 Referee에게 감사 표현하기
	제출할 파일들이 최근 업데이트 된 것인가?
	논문 내용을 수정할 때 관련된 부분들도 같이 수정을 했는가?
	Acknowledgements에 연구비 지원 기관과 과제 번호가 맞는가?
	전문 영문교정을 받은 경우: Reply letter에 "This manuscript has been edited by a professional scientific English language editing service."라 쓴다.
	Revision version에서 최초 제출한 원고에 있었던 참고문헌이 삭제되었는지 확인한다.
	논문심사자들의 질문에 빠짐없이 답을 했는가?

▶ Revision cover letter 예시

Revision cover letter

July 14, 2013

Journal A

Dear Editor:

According to reviewers' comments, we have revised our manuscript. We have enclosed the responses (which summarize the revisions and corrections) to reviewers. We are looking forward to hearing from you.

Sincerely,

Junseok Kim

Professor

Department of Mathematics

Korea University

▶ Reply letter 예시

Cover letter와 reply letter를 하나로 합쳐서 작성하면 다음과 같다.

Reply Letter

April 17, 2019

Applied Numerical Mathematics

Dear Editor,

We would like to thank you for the thoughtful guidance from you and the reviewers. We are really grateful for the detailed comments and excellent suggestions we have received and these made a much better paper. According to reviewers' comments, we have revised our manuscript entitled "Phase-field model and its splitting numerical scheme for tissue growth". Below we provide a point-to-point response to each of the comments.

Reviewers' comments:

Reviewer #1: The subject of the paper is very interesting and its object of intense activity of the research community. The authors aim to propose a new approach to solve numerically a phase-fields model for tissue growth. The paper cannot be published in the presented form because there are questions not addressed by the authors that should be considered in a paper of this type.

[Q1] The presentation of the model needs to be rewritten. In fact what means A?

Response: In this study, A means the volume fraction of the tumor cell. Therefore, A=1 and A=0 indicate the tumorous phase and the healthy tissue phase, respectively. Please refer to page 3-4 in the revised manuscript.

Sincerely,

Junseok Kim, Professor

Department of Mathematics

Korea University

▶ Proofreading 또는 Galley proof

Proofreading 또는 Galley proof는 채택된 원고를 저널 출판사에서 저널 포맷으로 변경하고 나서 최종적으로 원고의 저자들에게 편집 내용에 대해서 오류 사항이 있는지 확인하는 단계로 통상 2일의 기간을 준다. 이때 가장 먼저 확인해야 할 중요한 3가지는 다음과 같다.

1. 저자 이름 및 교신저자 표기 확인하기
2. 소속기관 이름 확인하기
3. 연구비 지원 표기 확인하기

위 3가지를 먼저 확인한 후에 출판사에서 요청하는 Query를 체크하고 논문 전반적으로 확인하고 수정한다. 이때 단순한 오타나 논문 사사 정도만 수정할 수 있다. 저널에서 요구하는 Query 이외에 추가적으로 논문 내용이 변경될 정도의 많은 수정을 하게 되면 다시 editor로부터 논문 재심사를 받을 가능성도 있다.

▶ Open Access 옵션 선택하기

Open Access 옵션을 원하는 경우에는 선택하고 대금을 지불한다. 그렇지 않은 경우에는 Open Access를 선택하지 않는다. 아래의 두 경우 모두 Open Access를 선택하지 않는 경우이다.

Springer의 Open Access Open Choice Option

고객님은 Springer의 저널에 Open Access과 상관 없이 논문을 발행할 수 있습니다. Open Access를 선택하시는 경우, 고객님의 논문은 누구에게나 어디든 무료로 공개됩니다. Open Access 수수료는 2200유로/3000달러이며, 고객님이 저작권을 보유하고 고객님의 논문은 Creative Commons License를 준수합니다. 아래에서 선택해 주십시오.

Open Access을 주문하고자 합니다

고객님과 고객님의 독자를 위한 혜택:
- 고객님의 논문은 무료로 열람가능합니다
- 저작권 양도가 필요하지 않습니다
- PubMed Central로 자동 보관됩니다.
- Open Access 의무를 간단하게 준수

☐ 본인의 논문을 2200유로/3000달러 Open Access 수수료와 함께 발행하고, 이러한 선택은 최종적이며 이후 취소불능함에 동의한다.

☐ I agree to the following:
Open Access This article is distributed under the terms of the Creative Commons Attribution License which permits any use, distribution, and reproduction in any medium, provided the original author(s) and the source are credited.
I warrant that my contribution is original and I sign for and accept responsibility for releasing this material on behalf of any and all co-authors.

Open Access 주문을 원하지 않습니다.

고객님의 논문은 저널 구독자만 열람할 수 있습니다.

I am NIH funded.
○ No
○ Yes

Gold Open Access

I will publish my article open access, making my final published article immediately available to everyone
I need to pay an APC (Article Publishing Charge) of USD 3,100.00 ex.Tax
I can share my article in accordance with the user license that I select.

○ **Select Gold Open Access**

Subscription

I will publish my article under the subscription model, making my final published article immediately available to all subscribers.
Elsevier's sharing policy ↗ explains how I can share my accepted manuscript.

⦿ **Select Subscription**

참고문헌

[1] 형식적인 참고문헌

[2] 형식적인 참고문헌

[3] 형식적인 참고문헌

[4] 이공계 연구윤리 및 출판윤리 매뉴얼, 황은성, 조은희, 김영목, 박기범, 손화철, 윤태웅, 임정묵, 한국과학술지편집인협의회 (Korean council of science editors), 2014

[5] 영어과학논문 100% 쉽게 쓰기, 김형순, 서울대학교출판문화원, 2010.

[6] 이공계 연구자를 위한 영어논문 작성법, 명현국, 홍희기, 문운당, 2009.

[7] 연구윤리의 이해와 실천, 이인재, 동문사, 2015.

[8] 수리과학 영어논문작성법 및 기초 LATEX 활용법, 김준석, 고려대학교출판문화원, 2017.

[9] Jang Min Park and Patrick D. Anderson, A ternary model for double-emulsion formation in a capillary microfluidic device, 2012.

[10] 이공계 연구자를 위한 영문과학논문 작성매뉴얼, 민양기, 범문에듀케이션, 2013.

[11] 이공계 연구자를 위한 영문과학논문 모범 예문집, 민양기, 범문에듀케이션, 2014.

[12] 오픈 액세스, 위키백과.

[13] 오픈 액세스, 한국과학기술정보연구원.

[14] H-index, 이나고.

[15] 만화로 쉽게 배우는 기술 영어, Maki Sakamoto 지음, 김선숙, 박조환 (감역) 옮김, 성안당, 2017.

[16] 저널의 사분위 등급(The Journal Impact Factor quartile), Clarivate Analytics.

[17] ESCI, 클래리베이트 뉴스.